Décibel 1

AF005324

Méthode de français

A1

M. Butzbach
C. Martin
D. Pastor
I. Saracibar

Français Langue Étrangère

Mode d'emploi

Page d'ouverture

- Les objectifs communicatifs de l'unité
- Annonce des tâches finales
- Découverte active et ludique du vocabulaire
- Question personnelle

Leçons 1 et 2 — J'écoute et je parle

Deux doubles pages dédiées à la communication orale.

- À gauche, on s'imprègne des actes de parole grâce à des activités simples et intuitives.
- À droite, on observe les mécanismes linguistiques, on analyse… et on s'entraîne !

- Situation orale
- Virelangue illustré pour travailler la phonétique
- Des activités pour comprendre les documents et systématiser les contenus
- Les principales répliques du dialogue, à retenir
- Présentation des contenus grammaticaux
- Document illustré pour contextualiser les phénomènes linguistiques
- Micro-tâche

2 deux

Leçon 3
Je lis et je découvre

Différents types d'écrits centrés sur la réalité française ou francophone, dans une optique interculturelle.

Des textes et des documents

Le regard éthique de Nico l'écolo

Le blog d'une ado

Phonie / graphie

Des activités d'initiation à la production écrite

Je joue et je révise

Des étapes bien marquées

Deux tâches finales au choix pour réutiliser les acquis de l'unité

Des jeux pour réviser

Des activités pour vérifier à l'oral que tout a été bien compris

Vers le Delf A1
J'évalue mes compétences

Toutes les deux unités, une évaluation des quatre compétences.

Des stratégies pour « apprendre à apprendre »

Des activités calquées sur les épreuves du Delf scolaire

trois 3

Tableau des contenus

	Communication	Grammaire	Vocabulaire
p. 7-10 UNITÉ 0	• Saluer • Se présenter, présenter quelqu'un • Dire sa couleur préférée	• *Comment tu t'appelles ?* • *S'appeler : je, tu, il / elle* • *Comment ça va ?* • *Qui est-ce ? C'est…*	• Quelques mots transparents • Les salutations • L'alphabet • Les couleurs • Les nombres de 0 à 20
p. 11-20 UNITÉ 1	• Identifier et décrire un objet • Parler de son emploi du temps  « Premier jour de classe »	• *Qu'est-ce que c'est ? C'est…* • Les articles définis et indéfinis	• Le matériel de classe • Les matières scolaires • Les couleurs • Les jours de la semaine
p. 21-30 UNITÉ 2	• Dire une date • Demander des informations • Exprimer ses goûts et ses préférences • Décrire quelqu'un et se décrire soi-même  « Simon, l'as de la natation »	• Les verbes en -er (1) : *je, tu il / elle* • Le verbe *être* • Le genre des adjectifs • La formation du pluriel	• Les mois de l'année • Les nombres de 20 à 31 • Les sports et les loisirs • Les adjectifs descriptifs
p. 31-32 Vers le Delf	Évaluation par compétences : unités 1 et 2		
p. 33-42 UNITÉ 3	• Faire des appréciations • Décrire des actions • Parler d'écologie  « Quelle catastrophe ! »	• Les verbes en -er (2) : *nous, vous, ils / elles* • La négation • *On = nous*	• Les verbes d'action • Le recyclage et l'écologie • Les nombres jusqu'à 100
p. 43-52 UNITÉ 4	• Situer dans l'espace • Demander et dire l'âge • Parler de sa famille • Donner des ordres ou des conseils • Exprimer l'appartenance  « Il a un problème… »	• Les prépositions de lieu • Les adjectifs possessifs • Le verbe *avoir* • L'impératif affirmatif	• Les parties du corps • La famille • Les médias et les nouvelles technologies
p. 53-54 Vers le Delf	Évaluation par compétences : unités 3 et 4		
p. 55-64 UNITÉ 5	• Faire des achats • Faire des commentaires sur des vêtements • Demander et dire la cause • Demander et dire l'heure • Parler des tâches quotidiennes  « Sophie Stiqué fait des courses »	• Les adjectifs démonstratifs • Le verbe *mettre* • *Pourquoi… parce que…* • Le verbe *faire*	• Les vêtements • Les formules de politesse (emploi de *tu* ou *vous*) • L'heure • Les tâches quotidiennes
p. 65-74 UNITÉ 6	• Proposer, demander, refuser des aliments • Parler de ses repas • Parler de sa vie quotidienne, raconter sa journée « La journée de Supermamie »	• Les articles partitifs • Le verbe *prendre* • Les verbes pronominaux	• Les aliments • Les repas • Les activités quotidiennes
p. 75-76 Vers le Delf	Évaluation par compétences : unités 5 et 6		
ANNEXES	• Transcriptions : p. 77-83 • Résumé grammatical conjugaison et phonétique : p. 84-89		• Actes de communication : p. 90-91 • Lexique plurilingue : p. 92-95

4 quatre

Sons et graphies	Civilisation	Tâches finales	Compétences clés
• Le rythme de la phrase • Sensibilisation aux intonations interrogative et exclamative	• Quelques personnages francophones célèbres		• C. sociales et civiques • C. mathématiques
• Le son [ɔ̃] **Je lis, je dis :** ai = [ɛ]	• L'école en France : système scolaire, horaires, matières et installations	• Je fais mon emploi du temps • Je fais un collage : mon matériel scolaire	• C. sociales et civiques • C. numérique
• Le son [y] • Le son [ʀ] **Je lis, je dis :** – ou = [u] – le e muet	• Les symboles de la France • Quelques fêtes françaises • Quelques sites et monuments iconiques de la France	• Je fais un collage sur la France • Je fais mon autoportrait	• Sensibilité et expression culturelles • C. numérique

Stratégies pour mieux comprendre à l'oral

• Le son [ʒ] • Le son [ɑ̃] **Je lis, je dis :** au, eau = [o]	• La géographie de la France • Découverte des principales villes de la France	• Je participe au grand prix 100 % • Je crée une affiche 100 % écolo	• C. sociales et civiques • C. mathématiques et en sciences et technologies
• Le son [ø] • Le son [z] **Je lis, je dis :** – le s final – la liaison	• L'origine des noms de famille en France • Les noms de famille les plus courants	• J'invente un arbre généalogique • J'invente une mini-pub	• C. numérique • C. sociales et civiques • Sensibilité et expression culturelles • C. mathématiques

Stratégies pour mémoriser

• Le son [v] • Le son [œʀ] **Je lis, je dis :** oi = [wa]	• Découverte d'une ville francophone : Bruxelles, ses monuments, ses musées, sa gastronomie…	• Je prépare une visite guidée dans ma ville • J'écris un mail pour raconter les préparatifs d'une fête	• C. sociales et civiques • Sensibilité et expression culturelles • Esprit d'initiative et d'entreprise
• Le son [ɛ̃] • Le son [ʃ] **Je lis, je dis :** in, ein, ain, aim = [ɛ̃]	• Les repas et les habitudes alimentaires des français • Une journée type en France • Les vacances scolaires en France	• Je fais le blog de ma colonie de vacances • J'organise un quizz sur mes connaissances en français	• C. sociales et civiques

Stratégies pour s'exprimer à l'oral

 Écouter   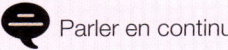 Parler en continu   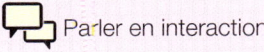 Parler en interaction   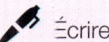 Écrire    Vidéo

Présentation

Dans ton livre, tu vas rencontrer...

Des ados de ton âge

Mélissa   Léon   Marion   Ludo   Rose

Des personnages pour t'aider

Madame Réflexion...
Toujours là pour t'aider à comprendre et à apprendre !

Nico l'écolo...
Il donne plein de conseils pour bien vivre avec la planète... et avec les autres !

Baptiste l'intrépide journaliste...
Prêt(e) à répondre en direct aux interviews de Baptiste ?

Claire, la grande blogueuse

Le collège, les copains, la famille... 😊😊
Sur mon blog, je partage tout !
J'attends tes commentaires ! OK ? 😉
Bisous 😊

UNITÉ 0

voir p. 7-8

Facile, le français !

Dans cette unité, tu vas...

▶ Comprendre des mots transparents

▶ Dire tes premiers mots en français

▶ Te présenter et saluer tes camarades

▶ Jouer en français !

1 Écoute. Tu comprends ces mots ? C'est facile ? Difficile ? Montre sur l'illustration !

2 Écoute et répète ces mots en rythme !

3 Écoute et montre qui parle.

4 Je compte jusqu'à 10 ! Écoute et chante !

sept 7

Eh ! Comment tu t'appelles ?

1 Écoute et observe. Tu comprends la situation ?

2 Lis les bulles et écoute. C'est quelle vignette ?

a. Merci !
b. Non, Mé-li-ssa !
c. Bonjour !
d. ...issaaa ! Au revoir !
e. Comment ? Je ne comprends pas !
f. Léon ! Et toi ?

3 Joue la scène. Imite bien les intonations.

4 Écoute et réponds.

Comment il s'appelle ?  Comment elle s'appelle ?

5 Présente tes camarades.

Il s'appelle... Elle s'appelle...

Et toi, tu t'appelles comment ?

UNITÉ 0

voir p. 10

Comment ça va ?

Pour saluer et se présenter

Bonjour !
Salut !
Au revoir !
– Comment ça va ?
– Très bien !
  Bien !
  Pas mal...
  Comme ci, comme ça...
  Mal !
  Très mal !
– Comment tu t'appelles ? /
  Tu t'appelles comment ?
– Je m'appelle Léon. Et toi ?

6 Écoute et observe. Comment va la fille ? Et le garçon ?

7 Écoute et répète en écho.

8 Imagine une rencontre entre deux personnages célèbres.

9 JEU Qui est-ce ? Devine qui parle.

 voir p. 11-12

L'alphabet

1 Écoute et chante.

A B C D E F G H I J K L M
N O P Q R S T U V W X Y Z

2 JEU Trouve un prénom qui commence par…

« M »   Maxime !

Les couleurs

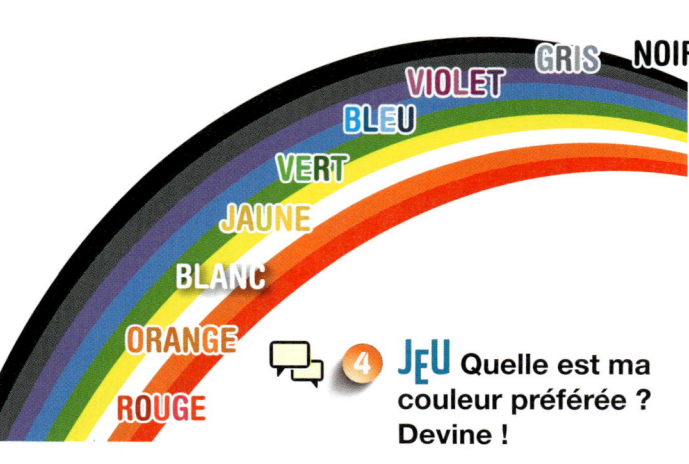

3 Écoute et chante !

ROUGE, JAUNE, NOIR, VERT

Quelle est la couleur que tu préfères ?

VIOLET, BLEU, BLANC, GRIS

Quelle est la couleur que tu choisis ?

4 JEU Quelle est ma couleur préférée ? Devine !

Les nombres de 0 à 20

5 Chanson Écoute, chante et mime !

0 zéro	4 quatre	8 huit	12 douze	16 seize
1 un	5 cinq	9 neuf	13 treize	17 dix-sept
2 deux	6 six	10 dix	14 quatorze	18 dix-huit
3 trois	7 sept	11 onze	15 quinze	19 dix-neuf…
				20 VINGT !

6 JEU Quel est mon numéro ? Pour aider tes camarades, fais des gestes !

Quel est mon numéro ?

Le 4 ?   Non, plus !

Le 11 ?   Non, moins !

Le 7 ?   Oui !

UNITÉ 1

 voir p. 13

Léon se prépare pour la rentrée

Dans cette unité, tu vas...

▶ Identifier le matériel scolaire

▶ Parler de ton emploi du temps

▶ Découvrir l'école en France

▶ Connaître Claire à travers son blog

Tâches finales

▶ Je fais mon emploi du temps

▶ Je fais un collage : mon matériel scolaire

1 Écoute, observe et réponds.
a. C'est quel numéro ?
b. Qu'est-ce que c'est ?

Liste du matériel
- un taille-crayon ✓
- une paire de ciseaux ✓
- 3 stylos (un vert, un bleu et un rouge) ✓
- une trousse
- les livres
- un paquet de feuilles blanches
- des crayons de couleur ✓
- une gomme ✓
- 6 cahiers
- un crayon ✓
- une règle ✓
- un compas ✓
- un agenda
- 4 feutres
- 2 classeurs ✓
- un bâton de colle
- un sac à dos ✓

2 Léon est très organisé ! Écoute et lis la liste de son matériel. Retrouve chaque objet sur l'illustration.

3 Observe le matériel et lis la liste. Quel matériel Léon réutilise ?

Et toi, quel matériel tu réutilises ?

LEÇON 1

J'écoute et je parle

Qu'est-ce que c'est ?

 voir p. 14

1 Écoute et réponds : vrai ou faux ?
a. La fille s'appelle Juliette.
b. Le garçon s'appelle Pierre.
c. Le paquet est un cadeau pour Pierre.
d. Dans le paquet, il y a un porte-clés en forme de cœur.

Mémorise les bulles bleues. C'est utile pour identifier des objets !

2 Observe. Quels sont les objets nommés par Marion ?

des bonbons — une gomme — un stylo-plume — une peluche

un porte-clés — un mini-agenda

À toi !

💬 J'offre un cadeau

Imagine une autre situation avec un cadeau différent et joue la scène.

Boîte à sons [ɔ̃]

Simon l'espion porte un pantalon marron et un chapeau melon tout rond.

La trousse « à réaction »

 **3** Écoute et lis. Comment marche la trousse « à réaction » ?

   a. avec la voix
   b. avec une télécommande
   c. avec des boutons

4 Qu'est-ce qu'il y a dans la trousse ?
★ = un, une, des ?

Dans la trousse, il y a un crayon de couleur,…

5 Imagine : pour les autres boutons de la trousse, quel est l'objet « à réaction » ?

   a. 🔵 bouton bleu : une…
   b. ⚫ bouton noir : un…
   c. ⚪ bouton blanc : des…
   d. 🟣 bouton violet : une…

J'observe et j'analyse

Pour nommer des objets (1)

LES ARTICLES INDÉFINIS

	Singulier	Pluriel
Masculin	un sac	des sacs
Féminin	une règle	des règles
⚠	un agenda	des agendas

🎧 **À l'oral** Écoute et lève la main quand tu entends le féminin.

L'article *des* est masculin ou féminin ?

LEÇON 2 — Lundi, maths...

J'écoute et je parle

☞ voir 📖 p. 16

> Les maths ?! Tu adores les maths ?

🎧 **1** Écoute le dialogue. Elles parlent des profs, du matériel scolaire ou de l'emploi du temps ?

🎧 **2** Écoute et observe l'emploi du temps. C'est quel jour ?

💬 **3** Joue la scène et imite les intonations.

🎧 **4** **Chanson : Les 7 jours de la semaine**
Écoute et chante !

**1 LUNDI 2 MARDI 3 mercredi
4 JEUDI 5 vendredi
6 SAMEDI 7 DIMANCHE**

ET ON RECOMMENCE !

Et toi, quel est ton jour préféré ?

🎧 **5** **La semaine des couleurs !** Écoute et lis. Associe une illustration à chaque phrase.

Lundi gris
Bonjour les amis !
Mardi bleu
Asseyez-vous
Deux par deux !
Mercredi violet
S'il vous plaît,
Ouvrez les cahiers !
Jeudi marron
Écrivez votre nom
Et votre prénom !
Vendredi vert
Dessinez la mer…
Ou bien l'univers !
Samedi rouge
Tout le monde bouge !
Dimanche noir
Au revoir, au revoir !

Mémorise les jours de la semaine et les matières scolaires. C'est utile pour parler de ton emploi du temps !

14 quatorze

Quelle est ta matière préférée ?

6 Écoute et réponds.

Moi, j'adore les arts plastiques ! Et toi ? Quelle est ta matière préférée ?

LA MUSIQUE   LE LATIN
L'EPS*   LES ARTS PLASTIQUES
L'HISTOIRE-GÉO   LA PHYSIQUE ET LA CHIMIE
LES SVT**   LES MATHS   LA TECHNO
LE FRANÇAIS   L'ANGLAIS

* EPS : Éducation Physique et Sportive
** SVT : Sciences de la Vie et de la Terre

7 Écoute. C'est le cours de SVT, de musique, d'arts plastiques, d'anglais ?

8 JEU Observez Léon en cours d'arts plastiques et, à deux, retrouvez les 8 objets agrandis à la loupe.

Qu'est-ce que c'est ? C'est ?...

J'observe et j'analyse

Pour nommer des objets (2)

LES ARTICLES DÉFINIS

	Singulier	Pluriel
Masculin	le sac	les sacs
Féminin	la règle	les règles
⚠	l'agenda	les agendas

À l'oral Écoute et lève la main quand tu entends le pluriel.

Quand est-ce que tu utilises le, la, l', les ? Compare avec ta langue !

À toi !

Je parle de mon emploi du temps

Regarde ton emploi du temps. Quelle est ta matière préférée ? Quel jour de la semaine ?

– J'ai cours de musique le mardi. J'adore la musique !

Et toi, qu'est-ce que tu utilises en cours d'arts plastiques ? Et en cours d'anglais ?

quinze 15

LEÇON 3 — Je lis et je découvre — L'école

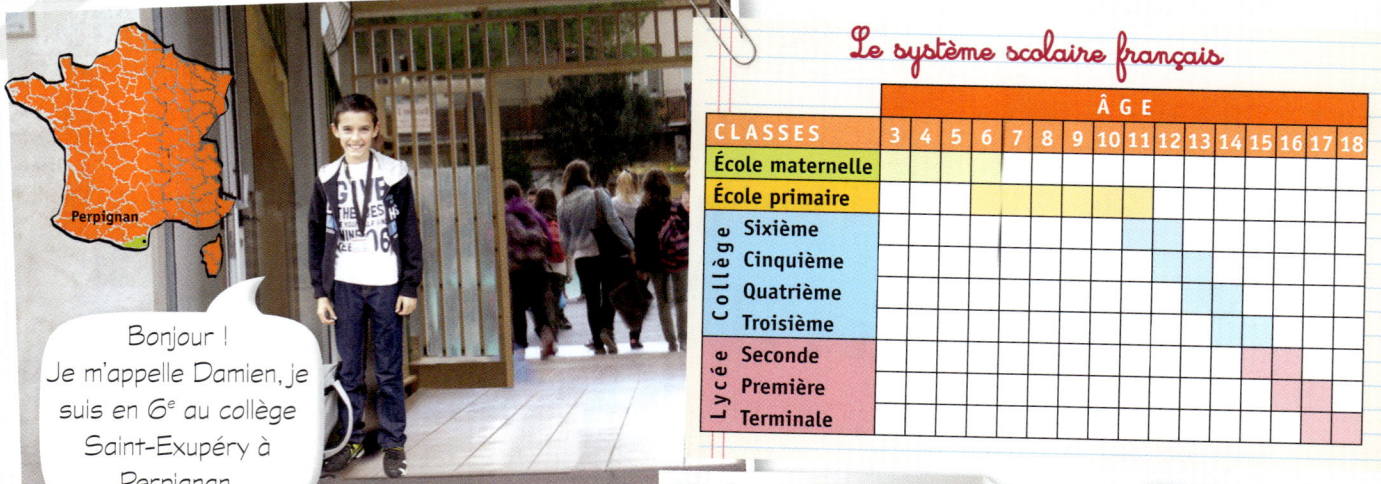

Bonjour ! Je m'appelle Damien, je suis en 6ᵉ au collège Saint-Exupéry à Perpignan.

Le système scolaire français

CLASSES	ÂGE
École maternelle	3–5
École primaire	6–10
Collège — Sixième	11
Cinquième	12
Quatrième	13
Troisième	14
Lycée — Seconde	15
Première	16
Terminale	17–18

Et dans ton pays, c'est pareil ?

Le CDI*, j'adore ! Il y a des livres, des magazines, des ordinateurs... et le « club lecture » !

Chut ! La documentaliste présente une nouvelle BD !

* CDI : Centre de Documentation et d'Information

Lundi, mardi et jeudi, je mange à la cantine ! Mmm... Il y a des pizzas aujourd'hui !

Le meilleur moment de la journée... la récré !

en France

Pardon, je suis en retard... Voici mon carnet de correspondance !

Le carnet de correspondance fait le lien entre les parents et le collège.

Pour la rentrée, tout le monde participe à l'opération « Un cahier, un crayon ». C'est une grande collecte de matériel scolaire pour les enfants des pays défavorisés.

1 Lis et réponds. Vrai ou faux ?

a. Damien est en 5ᵉ au collège Le Petit Prince.
b. Les élèves de 5ᵉ ont entre 14 et 15 ans.
c. En France, l'école primaire se termine à 11 ans.
d. Dans un CDI, il y a des ordinateurs.
e. Damien mange tous les jours à la cantine.
f. Le carnet de correspondance est seulement pour les professeurs.
g. L'opération de solidarité de la rentrée s'appelle « Un cahier, un stylo ».

2 @ Cherche le titre d'un célèbre roman de Saint-Exupéry dans les langues que tu connais !

Le blog de Claire

Bonjour, je m'appelle Claire. Ma couleur préférée est une couleur du drapeau français. Regarde ma photo et devine !
Je suis en 5ᵉ au collège Jean de La Fontaine.
J'adore la musique et l'anglais.
Bye bye !

 Waouh, trop belle la photo !!!
Loulouball

 Merci Loulou
Clairette

1 Lis le post de Claire à haute voix. Ensuite, écoute et vérifie.

Je lis, je dis

Je lis ai et je dis [ɛ] comme dans « français ».

Cherche dans le texte tous les mots avec la graphie « ai ».

2 Fais comme Claire ! Présente-toi.

Je m'amuse
Je joue et je révise

C'est la récré !

1. Observe la cour du collège. Il y a 10 nombres cachés. Lesquels ?

2. Trouve une personne avec un pantalon bleu, un tee-shirt jaune et des baskets rouges.

3. Le club des 5. Trouve les 5 amies qui portent toutes le même objet.

4. Combien de garçons jouent au football : 2, 4, 5 ? Et combien de filles ?

5. Observe et trouve les 4 anomalies.

6. Écoute et observe. Qui dit quoi ?

voir p. 20

Premier jour de classe

Bilan oral

🎧 Prépare-toi ! Écoute et observe. Tu comprends tout ?

1 Reconstitue le dialogue entre Tao et Manon.

– Bonjour, comment ça ★ ?
– ★ , et toi ?
– Pas mal ! Comment ★ ?
– Tao… Et toi ?
– ★ . ★ matière préférée ?
– Les maths, et ★ ?
– Moi, la gym. ★ ?
– Le rouge, et toi ?
– Moi aussi, le rouge ! Génial !

Saluer, se présenter, dire ses préférences. …/7

2 Qu'est-ce qu'il y a sur la table de Tao ? Et sur la table de Manon ? Indique la couleur de chaque objet.

Nommer le matériel scolaire. Dire les couleurs. …/8

3 Trouve la question correspondante et réponds.

Identifier un objet ou une personne. …/8

a. b. c. d.

4 Lis à haute voix les nombres du calendrier.

Compter de 0 à 20. …/10

🎧 **5** Écoute et réponds aux questions de Baptiste, l'intrépide journaliste !

Répondre à des questions personnelles. …/7

SCORE TOTAL …/40

dix-neuf **19**

A. Je fais mon emploi du temps

Tu fais ton emploi du temps pour l'année scolaire qui commence et tu le présentes à un(e) copain / copine.

1 ▸ Réalisation

Dessine un tableau et écris :
- les jours de la semaine,
- tes matières.

2 ▸ Présentation

Présente ton emploi du temps à un(e) copain / copine qui n'est pas dans ta classe.
Dis-lui :
- quelles matières tu as, quel jour de la semaine.
  – *Lundi, j'ai musique ; mardi,…*
- quelles sont tes matières préférées.
  – *J'adore les arts plastiques…*

B. Je fais un collage : mon matériel scolaire

Tu fais un collage avec ton matériel scolaire. Qu'est-ce que tu mets dans ta trousse ?

1 ▸ Préparation

Cherche des photos d'une trousse et du matériel scolaire.

2 ▸ Réalisation

- Découpe et colle sur une page les photos.
- Note sous chaque image le nom de l'objet avec l'article.

3 ▸ Mise en commun

Regarde les collages de tes camarades.
Quels objets ils ont choisis ?
Pose des questions pour identifier les objets.

– Qu'est-ce que c'est ?
– C'est…

UNITÉ 2

Dans cette unité, tu vas...

▸ Parler de tes goûts

▸ Te décrire et décrire tes copains

▸ Découvrir les symboles de la France

▸ Bloguer sur l'amitié

Tâches finales

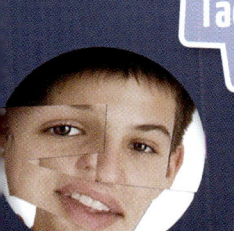
▸ Je fais un collage sur la France

▸ Je fais mon autoportrait

voir p. 21

Les 12 mois de l'année

1 Chanson Écoute et chante !

2 Tu connais ces fêtes ? Quelle est la date exacte ? Écoute et réponds.

a.    b.    c.

C'est…
le 23 novembre ?
le 25 décembre ?
le 1er janvier ?

C'est…
le 31 août ?
le 21 juin ?
le 1er mai ?

C'est…
le 5 avril ?
le 19 mars ?
le 14 juillet ?

Tu connais d'autres dates importantes ?

3 Les nombres de 20 à 31.
Écoute et répète l'écho !

20 21 22 23 24 25 26 27 28 29 30 31

LEÇON 1 — Quel est ton sport préféré ?

J'écoute et je parle

voir p. 22

Émilie prépare une vidéo sur un camarade très sportif.

1 Écoute l'interview et réponds.
a. Comment s'appellent les jeunes ?
b. L'interview est pour des correspondants anglais ou espagnols ?
c. Quelle est la ville des correspondants ?
d. De quelle équipe formidable ils parlent ?

2 As-tu une bonne mémoire ? Émilie ne pose pas 3 des questions suivantes. Lesquelles ?

- Comment tu t'appelles ?
- Tu es dans quelle classe ?
- Quel est ton sport préféré ?
- Tu n'aimes pas le tennis ?
- Ricky, qui est-ce ?
- Quelle est ton idole ?

3 Réécoute les questions. Que répond Hugo ?

4 Joue la scène.

5 JEU Écoute et mime le sport.

la gymnastique — le hand-ball — le football
le tennis — la natation — le rugby — le basket
le judo — le ski — le vélo

Et toi, quels sports tu aimes ?
Quels sports tu n'aimes pas ?

Mémorise les bulles bleues. C'est utile pour demander des informations !

Boîte à sons [y]

– Lulu… ! Luluuuuu !
Tu es dans la lune ?
– Mais non, je mange des prunes !

Quels sont tes goûts ?

6 Chanson : Amour impossible
Écoute et réponds.

a. Qu'est-ce qu'il aime ? ❤
b. Qu'est-ce qu'il adore ? ❤❤
c. Qu'est-ce qu'il déteste ? ✖✖
d. Et elle ?

Moi, j'adore le rock. Toi, tu aimes l'opéra...

LE SKATE · LA SAMBA · LA PIZZA · LE CHOCOLAT · L'OPÉRA · L'ESCALADE · L'INFORMATIQUE · LE YOGA · LE ROCK

7 Écoute et chante.

8 Qu'est-ce que tu aimes / détestes / adores ?
Écoute, lis et réagis.

 le hip-hop
 les jeux vidéo
 la récré

 les comédies musicales
 le numéro 13
 les serpents

 les maths
 la télé
 les chats

 la violence
 les copains et les copines
 le skate

 la lecture
 les reportages sur la nature
 les films d'horreur

J'observe et j'analyse

Pour exprimer ses goûts

LES VERBES EN -ER

J'aime	J'adore	Je déteste
Tu aimes	Tu adores	Tu détestes
Elle aime	Elle adore	Elle déteste
Il aime	Il adore	Il déteste

À l'oral Écoute et observe.

Les terminaisons sont différentes ?

À toi !

Je fais une interview

Comme Émilie, tu prépares une interview vidéo sur un(e) camarade. Demande-lui des informations.

Qu'est-ce que tu aimes, adores ou détestes ? Quels sont tes goûts ?

J'aime... J'adore... Je déteste...

LEÇON 2 — L'anniversaire de Mélissa

J'écoute et je parle

voir p. 24

Aujourd'hui c'est le 14 novembre. C'est l'anniversaire de Mélissa ! Tous ses amis sont là.

1 Tout le monde joue ! Écoute et observe l'illustration. Qui est qui ?

2 BIP BIP... Qu'est-ce qu'ils disent ?

3 Lis les bulles. De qui ils parlent ?

- Ils sont hyper intelligents.
- Elle est toujours contente !
- Il est petit et très fort.
- Vous êtes adorables !
- Elle est très, très romantique.
- Ta meilleure copine !

4 Écoute et chante « Joyeux anniversaire » avec les copains de Mélissa !

Boîte à sons [R]

Roméo embrasse Romy dans un restaurant romantique de Paris.

5 JEU Donne des indices sur la date de ton anniversaire. Tes camarades devinent !

Quelle est la date de mon anniversaire ?
Indice 1 : Le mois commence par un « j ».
Indice 2 : C'est un mois de 30 jours.

Mon anniversaire, c'est le 14 janvier, le 23 juin, ou le 10 juillet ?

Mémorise les bulles bleues. C'est utile pour décrire tes copains et parler de toi !

UNITÉ 2

Des copains bien différents !

voir p. 25-26

 6 Qu'est-ce qu'ils disent ?
  a. Écoute et lis en silence. Retrouve les formes du verbe *être*.
  b. Lis à haute voix et imite les intonations.

Je m'appelle Pavarotti, je ★ fantastique ! Ma passion, c'est l'opéra ! Laalalaaaaaa ! Vous ★ tous un public excellent !

Bonjour, je m'appelle Cannelle. Je ★ une chatte petite et intelligente. J'adore Franck et Einstein, les petits hamsters… Ils ★ adorables !

Bonjour, nous ★ Franck et Einstein nous ★ très copains et un peu timides. Cannelle, elle ★ très sympa ! Bon, ils ★ tous très sympas…

Salut ! Je ★ Hubert le lapin ! Je ★ petit et intelligent. Pavarotti, tu ★ insupportable !

À toi !

💬 **Je décris un(e) camarade de classe.**

Décris un(e) camarade de classe. Les autres devinent.

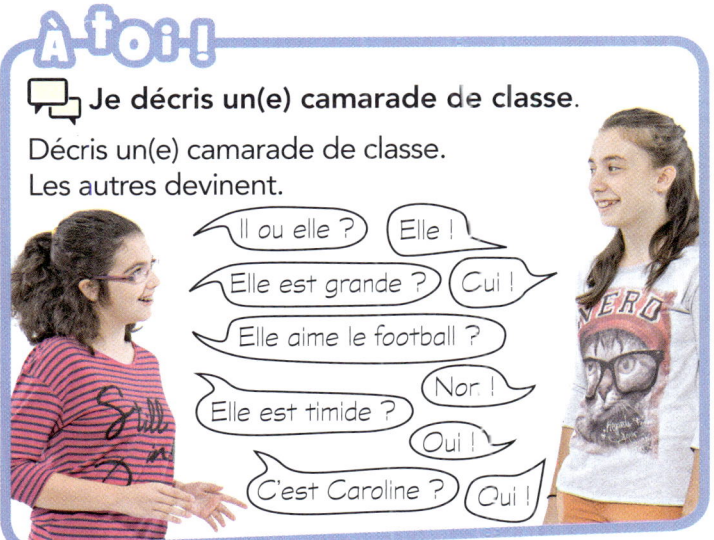

- Il ou elle ? — Elle !
- Elle est grande ? — Oui !
- Elle aime le football ? — Non !
- Elle est timide ? — Oui !
- C'est Caroline ? — Oui !

J'observe et j'analyse

Pour décrire quelqu'un

LE VERBE ÊTRE

Je suis	Nous sommes
Tu es	Vous êtes
Il / Elle est	Ils / Elles sont

LES ADJECTIFS

Masculin	Féminin
grand	grande
petit	petite
génial	géniale

Masculin = Féminin

timide, triste, rapide, fantastique

⚠️ Il est **beau**, elle est **belle**.

🎧 **51** À l'oral Écoute les phrases.

> Quelle est la marque du féminin à l'oral ? Et à l'écrit ?

🎧 **51** Écoute et lève les deux mains quand tu entends le féminin.

LE PLURIEL

Elle**s** sont grande**s** et timide**s**.
Il**s** sont grand**s** et timide**s**.

🎧 **52** À l'oral Écoute et observe.

> Tu entends le « s » final ?

LEÇON 3 — Les symboles

Je lis et je découvre

Quels sont les symboles de ton pays ?

1 Écoute et lis. Quels sont les symboles de la France ?

2 Qui est fort ? Qui est belle ? Qui est élégante ?

3 Qu'est-ce que c'est ? Associe.

animal   fromage   MONUMENT   type de pain

a. Le coq est un ★
b. La baguette est un ★
c. Le roquefort est un ★
d. La tour Eiffel est un ★

voir 📖 p. 27

de la France 🎥

Le blog de Claire

4 Lis ces informations et trouve les mots transparents dans ta langue.

L'hymne national : la Marseillaise

Allons enfants de la patrie
Le jour de gloire est arrivé !

 54 La Marseillaise est à l'origine un chant révolutionnaire.

Le drapeau : bleu, blanc, rouge

Bleu et rouge pour la ville de Paris et blanc pour la couleur du roi.

La devise : liberté, égalité, fraternité

Liberté : liberté d'action limitée par la liberté des autres.
Égalité : la loi s'applique de la même manière pour tous.
Fraternité : solidarité entre les personnes.

> Cette devise est-elle toujours respectée ?

La fête nationale : le 14 juillet

On célèbre cette fête avec des défilés militaires, des bals, des feux d'artifice…

5 @ Cherche des informations supplémentaires !

Observe ma carte d'identité et découvre pourquoi je suis doublement français !

Bonjour tout le monde !
Aujourd'hui, je vous présente ma meilleure amie. Elle s'appelle Louise mais tout le monde l'appelle Loulou. Elle est de la Guadeloupe. Elle fait de la danse avec moi. C'est la plus souple du groupe !
Loulou, je t'aime beaucoup !

 **Loulcuball** : Merci ma Clairette ! Moi aussi je t'adore ! 😊

 ArnoLebo : Et moi ? Je ne suis pas ton copain ? 😟

 55 **1** Lis le post de Claire à haute voix. Ensuite, écoute et vérifie !

Je lis, je dis

Je lis **ou** et je dis **[u]** comme dans « jour ».
Je ne prononce pas le **e** muet à la fin d'un mot comme « danse ».

Cherche dans le texte tous les mots avec la graphie « ou ».

 2 Fais comme Claire !
Décris ton / ta meilleur(e) ami(e).

Je m'amuse
Je joue et je révise

1. Jeu de logique

Qui est qui ? Lis les bulles et retrouve le nom des 6 chiens.

- Je m'appelle Black. Coco, c'est mon meilleur copain.
- Nous sommes quatre chiens ici : Black, Médor, Coco et moi.
- Cannelle et moi, nous sommes les deux chiennes.
- Moi, je suis triste ! Je suis toute seule !
- J'adore Coquette. Comme elle est belle !
- Brutus est fort et un peu agressif mais je le trouve plus sympa que Médor.

2. Itinéraire des goûts

a. Écoute, suis l'itinéraire avec ton doigt et découvre qui parle.

b. Fabrique d'autres itinéraires. Tes camarades devinent !

voir p. 28

Simon, l'As de la natation

Bilan oral

🎧 Prépare-toi ! Écoute et observe. C'est quelle vignette ?

 1 Écoute ces fans. Qui parle de Simon ?
Comprendre des adjectifs de description. ... / 4

2 Tu es journaliste. Toi aussi, pose des questions à Simon !
nom • classe • idole • sport préféré • goûts • date d'anniversaire
Demander des informations. ... / 6

3 Observe les journaux et donne la date de chaque édition.
Dire une date. ... / 4

4 À part la natation, Simon adore 4 autres sports. Lesquels ? Imagine.
Nommer des sports. ... / 4

 5 Décris les meilleurs copains de Simon.
Décrire quelqu'un. ... / 10
a. b.

6 Lis les numéros des tee-shirts de Simon.
Dire les nombres. ... / 4

 **7** Écoute et réponds aux questions de Baptiste, l'intrépide journaliste !
Se présenter. ... / 8

SCORE TOTAL ... / 40

Tâches finales

A. Je fais une affiche : la France

Tu vas faire un collage sur ton cahier et créer ensuite avec le groupe une super affiche sur la France !

1 Préparation

Qu'est-ce que tu connais de la France ? Fais une liste !

2 Réalisation

Dessine, découpe et fais un collage sur une page de ton cahier avec tout ce que tu préfères de la France.

Quelques idées :

- Écris de façon artistique les mots français que tu aimes.
- Dessine des personnages de BD.
- Colle des étiquettes, des photos, des cartes postales.

3 Mise en commun

Choisis un élément de ton collage pour compléter l'affiche collective de ta classe.

B. Je fais mon autoportrait

Tu es magnifique ? Tout le monde dit « ohhhh ! » quand tu passes ? Tu détestes ça ? Voici la solution : transforme ton visage !

1 Préparation

- Fais des photocopies d'une photo de toi, en plusieurs dimensions (en petit, en grand).
- Découpe les différentes parties de ton visage.

Je m'appelle Dani. Je suis insupportable ! Je déteste le chocolat et la pizza ! J'adore Noël ! Mon anniversaire, c'est le 25 décembre !

2 Réalisation

- Fais un montage et compose un nouveau visage.
- Avec ta nouvelle tête, tu peux tout inventer : ton nom, ta personnalité, tes goûts, la date de ton anniversaire…

3 Mise en commun
Les photos mystères !

- Préparez deux panneaux à afficher dans la classe : d'un côté les photos réelles, de l'autre les photos transformées.
- Qui est qui ? Tout le monde cherche !

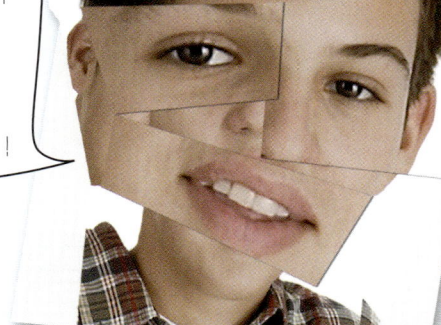

@ ASTUCE

Tu peux aussi transformer ton visage avec un ordinateur !

J'évalue mes compétences

Compréhension de l'oral — 8 points

1 Écoute ces quatre situations. À quelles photos elles correspondent ?

Compréhension des écrits — 16 points

2 Lis et réponds : vrai ou faux ?

a. C'est une interview de magazine.
b. Adrien déteste la musique.
c. Il adore la boxe.
d. Il est timide.

Star MAGAZINE
La star de la semaine ! INTERVIEW

Comment tu t'appelles ?
Je m'appelle Adrien. Gallo.
Quelle est la date de ton anniversaire ?
C'est le 2 juillet 1989.
Qu'est-ce que tu adores ?
J'adore la musique : le rock et la pop.
J'aime aussi le cinéma.
Quel est ton sport préféré ?
C'est la boxe.
Quelles sont tes qualités ?
Euh… Je suis sympa et… élégant !

3 Voici l'emploi du temps de Thomas. Lis et réponds : vrai ou faux ?

a. Thomas étudie deux langues étrangères : l'espagnol et l'anglais.
b. Il a cours de français tous les jours de la semaine.
c. Il a 4 heures de maths par semaine.
d. Il fait du sport le jeudi.

	LUNDI	MARDI	MERCREDI	JEUDI	VENDREDI
8H15		EPS	Français	Maths	
9H10	Français	SVT	Technologie	Anglais	Français
10H20	Anglais	Français	Musique	Français	Technologie
11H15	Histoire-Géographie	Maths	Anglais		SVT
12H10					
13H15	Maths	Physique-Chimie		Maths	Anglais
14H10	Arts plastiques	Histoire-Géographie		EPS	Histoire-Géographie
15H20		Vie de classe		EPS	

Vers le Delf A1

J'évalue mes compétences

Production orale — 25 points

4 **Entretien dirigé.** Présente un de ces personnages et dis comment il / elle est.

a — b — c — d

5 **Échange d'informations.** Trouve la question et réponds.

L'HISTOIRE-GÉO — LE 2 JUIN — UNE TROUSSE — MÉLISSA

6 **Jeu de rôle.** C'est le premier jour de Thomas dans ton collège. Tu lui poses des questions.

Production écrite — 11 points

7 Recopie et complète ce formulaire pour ton professeur de français.

Nom : ★

Prénom : ★

Langues parlées : ★

Goûts (sport, musique...) : ★

J'ai cours de français :
☐ lundi ☐ mardi ☐ mercredi
☐ jeudi ☐ vendredi

TOTAL / 60 points

Stratégies

Pour mieux comprendre à l'oral !

✓ Écoute les voix, les intonations, les bruits !

CRAAC ! ???? !!!!! AAAAHHH ! DRIIING ! PLOUF !

✓ Observe les gestes et les mimiques du professeur !

✓ Repère la situation.

Qui parle à qui ? — De quoi ? — Où — Quand ?

✓ Identifie les mots que tu connais ou qui se répètent.

Si tu ne comprends pas, tu dis…

Pouvez-vous répéter, s'il vous plaît ?

Excusez-moi, je ne comprends pas !

Pardon, que veut dire « stylo » ?

S'il vous plaît, parlez un peu plus lentement !

1 Écoute et répète.

2 Mets en scène les bulles !

UNITÉ 3

Dans cette unité, tu vas...

▶ Décrire des actions

▶ Parler d'écologie

▶ Faire un tour de France en péniche

▶ Bloguer sur tes copains

Tâches finales

▶ Je participe au grand prix 100 %

▶ Je crée une affiche 100 % écolo

◀ voir 📖 p. 29

Qu'est-ce qu'il fait ?

1 Écoute et observe Jérémie.
  a. Réponds oui ou non.
  b. Et maintenant, qu'est-ce qu'il fait ?

Gaël   Domino   Eva   Manu

2 Écoute et suis les itinéraires. Avec qui Jérémie adore jouer ? Et travailler ?

3 JEU Lis ces verbes à voix haute. Un(e) camarade mime !

il marche — IL SAUTE À LA CORDE — IL GLISSE — IL TOMBE — il téléphone — il nage dans la piscine — il joue au foot — IL MANGE — IL PLEURE — il danse — IL DESSINE — il crie

trente-trois 33

LEÇON 1 — Vive la piscine !

J'écoute et je parle

voir p. 30

SCÈNE A

1 Il y a beaucoup de monde à la piscine « Le Paradis » !
  a. Écoute, observe et trouve l'action.
  b. Trouvez le maximum d'actions différentes.

> Quarante... quarante-cinq... quarante-huit... Cinquante, cinquante et un... Soixante !

> Cette piscine est une catastrophe ! Les douches ne marchent pas...

> Cette piscine est géniale, tu ne trouves pas ?

CONCOURS D'APNÉE

2 Deux opinions bien différentes ! Lis les bulles bleues, écoute et réponds.

Situation 1
a. La fille est contente ?
b. Que fait-elle à la piscine ?
c. Qu'est-ce qu'elle ne fait pas ?

Situation 2
a. Le monsieur est content ?
b. Comment il trouve la piscine, horrible ou géniale ?
c. Dis trois choses qu'il n'aime pas.

 3 **Les nombres de 40 à 60.**
Concours d'apnée !
Écoute et imite les intonations.

> **Mémorise** les bulles bleues. C'est utile pour faire des appréciations !

 **Boîte à sons** [3]

José mange et bouge en pyjama jaune et rouge.

voir p. 31-32

Qu'est-ce qu'ils font ?

SCÈNE B

J'observe et j'analyse

LES VERBES EN -ER

Pour exprimer des actions

Forme affirmative

Je regard**e**
Tu regard**es**
Il / Elle regard**e**
Ils / Elles regard**ent**

Il y a une différence à l'oral ? Et à l'écrit ?

🎧 74 **À l'oral** Écoute et observe le verbe *regarder* au présent.

Forme négative

Je **ne** regarde **pas**
Tu **ne** parles **pas**
Il / Elle **ne** mange **pas**
⚠ Ils / Elles **n'**écoutent **pas**

Comment se construit la forme négative ? Compare avec ta langue !

4 Observe les personnages de la scène B et compare avec la scène A. Trouve les 7 différences !

– N° 1. Elles ne nagent pas, elles parlent !

5 JEU As-tu une bonne mémoire ?
Observez la scène A pendant une minute.
Un(e) élève garde le livre ouvert.
Les autres jouent !

À toi !

✏ Je décris ce que je fais à la plage

Envoie un message à tes copains avec ton portable. Raconte ce que tu fais, comment tu trouves la plage.

– Je suis à la plage, je…
– Je trouve cette plage…
– Cette plage est…

LEÇON 2 — 100% écolos

J'écoute et je parle

voir p. 33

Bonjour ! Nous sommes au collège Ampère... Le collège qui a gagné le 1er prix « L'école écolo » !

Et quels sont les bons gestes écolos ? Répondez bien fort, tous ensemble ! Vous réutilisez les feuilles de papier ?

Oui, nous réutilisons les feuilles de papier !

1er PRIX « L'école écolo »

1. Écoute le dialogue et réponds.
a. Nous sommes dans quel collège ?
b. Le collège a gagné quel prix ?
c. Qui parle ? Avec qui ?
d. Quelles actions sont utiles pour recycler ?

2. Réécoute et répète avec les élèves du collège Ampère.

3. Tu as une bonne mémoire ? Quelles sont les phrases que tu as entendues ?

- Nous économisons l'électricité.
- Vous n'utilisez pas les sacs en plastique.
- Nous recyclons les piles.
- Vous recyclez le papier.
- Vous réutilisez les bouteilles.
- Vous n'êtes pas 100% écolos.

4. Les nombres de 70 à 100.
Écoute Nico l'écolo et calcule.

Il faut 27 bouteilles en plastique pour faire un pull en laine polaire. Alors, combien de bouteilles en plastique il faut pour faire 3 pulls en laine polaire ?
61 ? 71 ? 81 ? 91 ?

5. Écoute et répète !

70 soixante-dix
71 soixante et onze
72 soixante-douze...
80 quatre-vingts
81 quatre-vingt-un...
90 quatre-vingt-dix
91 quatre-vingt-onze...
100 cent !

Boîte à sons [ã]

- Cent serpents très élégants dansent le cancan.
- Quand, maintenant ?
- Non, au printemps !

Mémorise les bulles bleues. C'est utile pour parler d'écologie !

voir p. 34

Au collège, on recycle !

ÉCO-QUIZ

1. VOUS UTILISEZ LE PAPIER RECYCLÉ.
2. Vous réutilisez le matériel de l'année précédente : crayons, cahiers, trousse…
3. Vous respectez les livres du collège.
4. Vous aérez la classe.
5. VOUS TRIEZ LES DÉCHETS.
6. Vous limitez l'utilisation de plastique.
7. Vous fermez bien le robinet d'eau.
8. Vous ramassez les papiers par terre.
9. VOUS RESPECTEZ LES PLANTES DANS LA COUR.
10. Vous allez au collège à pied ou en vélo.

Qu'est-ce que vous faites toujours ? **10 POINTS**

Qu'est-ce que vous faites parfois ? **5 POINTS**

Qu'est-ce que vous ne faites pas ? **0 POINTS**

💬 6 Répondez à l'éco-quiz et comptez vos points !

J'observe et j'analyse

Pour parler d'actions écologiques

LES VERBES EN -ER

Je recycl**e**
Tu recycl**es**
Il / Elle / On* recycl**e**
Nous recycl**ons**
Vous recycl**ez**
Ils / Elles recycl**ent**

À l'oral Lis le verbe *recycler* à haute voix.

Combien de terminaisons différentes tu entends ? Compare l'écrit et l'oral !

*En langue familière, on = nous.

 7 Le témoignage de Yanis.

Dans ma classe, on a seulement une poubelle, alors on ne trie pas. Mais on limite les déchets : on utilise le papier des deux côtés et on économise le matériel scolaire.

a. Écoute et lis. À ton avis, *on* remplace quelle personne : *elle*, *nous*, *vous* ?
b. Relis le message de Yanis en remplaçant *on* par son équivalent.

À toi !

💬 Je parle des gestes écolos chez moi

Vous êtes écolo à la maison ? Dis ce que tu fais avec ta famille.

Leçon 3 — Tour de France

Je lis et je découvre

La péniche, c'est écologique !

La péniche est un bateau long et plat qui circule sur les fleuves. Elle peut mesurer plus de 60 mètres de long ! Elle sert à transporter des marchandises ou à voyager. Elle peut aussi servir de maison !

voir p. 35

en péniche

Séjour / colonie de vacances
Le canal du Midi en péniche + Ajouter à mes favoris

 pour les 8 - 14 ans
 7 jours
 À partir de 270 €
 Environnement : mer, ville, campagne
 Départ de Carcassonne / Arrivée à Agde

1 Combien de jours dure cette colonie ? Où vont-ils dormir ? Quelle est la ville de départ ? Quelle ville est au bord de la mer ?

2 @ Imagine un itinéraire en péniche. Quelles villes tu vas traverser ? Fais des recherches !

Devinette
Je passe sous les ponts de Paris couverte d'un manteau bleu et gris. Qui suis-je ?

QUIZ Prêt(e) à visiter la France en péniche ?

1 Réponds aux questions.
a Les péniches naviguent sur la mer ou sur les fleuves ?
b Quel est le nom du fleuve représenté sur chaque photo ?
c Cite une ville située sur chaque fleuve.
d Quels pays tu peux visiter si tu navigues sur le Rhin, le Rhône ou la Garonne ?

2 *Vrai* ou *faux* ?
a La Seine passe par Paris.
b Le mont Blanc est dans les Pyrénées.
c Lille est au nord de la France.
d Marseille est au bord de l'océan Atlantique.
e La Manche sépare la France de l'Angleterre.

3 Jeu de rapidité ! En 30 secondes, trouve :
a Trois noms de montagnes.
b Trois noms de mers.
c Trois noms de villes qui se terminent par la lettre « s ».
d Trois noms de villes qui commencent par la lettre « n ».

4 Écoute et chasse le son intrus.
a Avignon • Lyon • Orléans • Dijon
b Bordeaux • Poitiers • Brest • Besançon
c Nice • Nancy • Marseille • Toulouse

UNITÉ 3

Le blog de Claire

 Salut les internautes ! Mes autres copains protestent ! Si je ne les présente pas, aïe, aïe, aïe !!! Alors…

Voici Arnaud ! On est dans la même classe et il est très rigolo ! On adore la piscine tous les deux… Mais il nage plus vite que moi ! On fait aussi des concours de saut… Mais le prof n'est pas d'accord en général…

Et voici Margaux ! J'adore son look. Elle a toujours des chaussures géniales. Et regardez son chapeau, sur la photo… Sympa, non ? On est à côté en cours d'informatique… On rit beaucoup. Le prof dit « silence ! » et on rit encore plus ! C'est terrible !

 Ah, enfin !!!
ArnoLebo

 Trop sympa, ton blog ! Et ta famille ? Tu es fille unique ?
Valentine98

1 Lis le post de Claire à haute voix. Ensuite, écoute et vérifie !

Je lis, je dis

Je lis **au** ou **eau** et je dis [o] comme dans « chapeau ».

Cherche dans le texte tous les mots avec ces graphies.

2 Et toi, qu'est-ce que tu fais avec tes copains / copines ? Raconte.

Je m'amuse — Je joue et je révise

1. Phrases rigolotes

💬 **Dis cinq numéros au hasard, de 1 à 6. Ton / ta camarade construit la phrase.**
– 5, 4, 2, 6 et 1.
– Quand nous regardons la lune, les étoiles pleurent !

1 Quand je	1 dessiner	1 un ballon	1 le chien	1 pleurer
2 Quand Alex	2 écouter	2 la lune	2 nous	2 crier
3 Quand tu	3 réciter	3 un sandwich	3 le hamster	3 danser
4 Quand vous	4 regarder	4 la radio	4 les élèves	4 chanter
5 Quand nous	5 jouer avec	5 une poésie	5 le perroquet	5 ne pas parler
6 Quand Marie et Nina	6 manger	6 la classe	6 les étoiles	6 sauter

2. La formule magique de la sorcière Abracadabra

Choisis un nombre…

Soustrais 2. | Multiplie le résultat par 3. | Ajoute 12. | Divise le résultat par 3. | Ajoute 5. | Soustrais le nombre que tu as choisi.

Alors ? Quel est le résultat ?

3. Esprit logique

Complète ces séries logiques.

a	7	10	12	15	17	20	22	25	…	…
b	29	32	36	41	44	48	53	…	…	…
c	44	45	47	50	54	59	65	…	…	…

voir p. 36

Quelle catastrophe !

Bilan oral

🎧 Prépare-toi ! Écoute et observe. C'est quelle vignette ?

🎧 **1** Écoute et observe. Vrai ou faux ?
Comprendre et identifier des actions [… / 5]

2 Observe la vignette n° 5. Est-ce que Lili…
a. est à la maison ?
b. regarde la télé ?
c. est contente ?
d. pleure ?
e. fait ses devoirs ?
Dire ce que ne fait pas quelqu'un. [… / 5]

3 Observe la vignette n° 1. Que font les autres élèves ?
Nommer des actions. [… / 5]

4 Raconte l'histoire de Lili !
Décrire des scènes. [… / 10]

5 Le temps est long à l'hôpital…
a. Aide Lili à finir ses nombres croisés.
b. Lis tous les nombres à voix haute.
Compter jusqu'à 100. [… / 5]

	A	B	C	D
1			9	
2				1
3	7	6		0
4				0

1. 18 ÷ 2
2. 60 - 9
3. 70 + 6
4. 90 - 7

A. 58 + 20
B. 7 × 9
C. 100 - 5
D. 10 × 10

6 Tu es Baptiste le journaliste ! Pose cinq questions à Lili et ses camarades sur la vie au collège.
Poser des questions et y répondre. [… / 10]

SCORE TOTAL [… / 40]

Tâches finales

A. Je participe au grand prix 100%

Tes copains et toi, vous allez participer au grand prix 100 %

1 Préparation

Avec les copains qui ont les mêmes goûts, faites une liste des actions nécessaires pour devenir 100 %...

100 % musique **100 % rigolos** **100 % sportifs**

2 Réalisation

Écrivez le texte et préparez la présentation pour le reste de la classe. Ajoutez bruitage, musique, rythmes, chorégraphies… à volonté !

3 Présentation / Mise en commun

Faites la présentation devant la classe. Tes camarades décident qui a gagné le prix du texte le plus comique, de la meilleure prononciation, de la mise en scène la plus originale…

B. Je crée une affiche 100 % écologique

En groupe, vous allez créer une affiche pour proposer des actions écologiques.

1 Préparation

Choisissez quelques images pour présenter des actions écologiques.

2 Réalisation

- Écrivez la description de ces actions sous chaque image.
- Imaginez un slogan pour votre affiche.
– *Recycler, je trouve ça génial !*

3 Mise en commun

Avec toute la classe, choisissez les meilleures actions pour faire une affiche collective.

UNITÉ 4

Dans cette unité, tu vas...

▶ Parler de ta famille

▶ Écouter des conseils à la radio

▶ Découvrir l'origine des noms de famille en France

▶ Bloguer sur tes relations personnelles

Tâches finales

▶ J'invente un arbre généalogique

▶ J'invente une mini-pub

voir p. 37

Mélissa adore le vélo !

1 Écoute et indique le numéro des parties du corps.

1. la tête
2. l'œil (les yeux)
3. la bouche
4. le bras
5. le ventre
6. la cuisse
7. les cheveux
8. l'oreille
9. le nez
10. le cou
11. l'épaule
12. le dos
13. la main
14. le doigt
15. la jambe
16. le genou
17. le pied

En vélo, tu mets ton casque comme Mélissa ?

Quel monstre !

2 Chanson Trop bien équipée avec les cadeaux de sa mamie !

a. Écoute et montre les parties du corps.
b. Chante et danse !

3 Écoute et mime ce que fait Mélissa.

Mélissa roule avec les mains...

sous les bras — sur les genoux

dans les poches — derrière la tête — devant les yeux

quarante-trois 43

LEÇON 1 — La fête du cerf-volant

J'écoute et je parle

voir p. 38

le grand-père — la mère — la grand-mère — la fille — le père — le fils

Quel âge tu as ?
J'ai 5 ans…

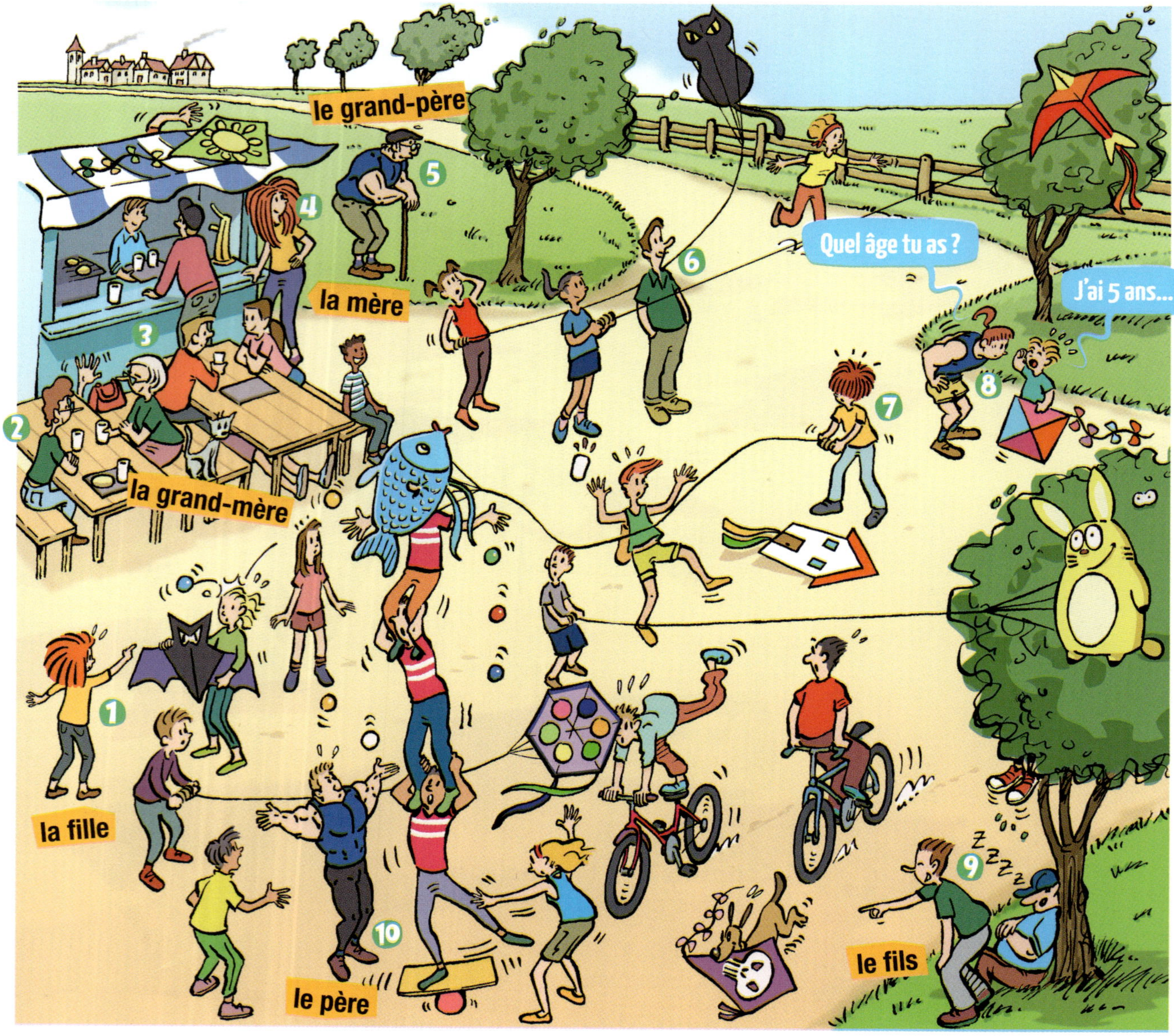

1 Observe la scène… Il y a cinq personnages cachés ! Où ? Nomme la partie du corps qui est visible.

2 Les familles Dunez, Brasfort et Chevelu font la fête du cerf-volant. Deux membres de chaque famille sont identifiés. Retrouve les autres !

3 Où ils sont ? Écoute et réponds oui ou non.

4 Écoute et réponds.
a. Quel âge a le petit garçon ?
b. Il ne trouve pas son papa ?
c. Qui arrive à la fin ?

Mémorise les bulles bleues. C'est utile pour demander ou dire l'âge !

Boîte à sons [ø]

Mon amoureux a les yeux bleus et les cheveux couleur de feu.

voir p. 39-40

UNITÉ 4

La famille d'Arthur Chevelu

5 Voici l'arbre généalogique d'Arthur. Trouve la place des personnages a, b et c.

6 Qui est-ce ? Réponds aux devinettes !
a. C'est la sœur de sa tante. Elle a les cheveux longs.
b. C'est la cousine de Lise. Elle a quatre ans de plus qu'elle.
c. C'est la fille de sa grand-mère. Elle a un grand nez.
d. C'est l'oncle de son frère. Il a les cheveux courts.

7 Edmond Dunez présente sa famille mais… il est très fanfaron ! Écoute et imite.

> Mon père est le meilleur chef de Paris.

À toi !

💬 Je parle de ma famille

Ton correspondant français te pose des questions sur ta famille (prénom, âge, description physique). Tu lui réponds.
– Comment s'appelle ton / ta…

J'observe et j'analyse

Pour parler de sa famille

LES ADJECTIFS POSSESSIFS

mon		ma	
ton	} cousin	ta	} cousine
son		sa	

mes	
tes	} cousins / cousines
ses	

Observe le tableau des adjectifs possessifs. Comment ils sont classés ?

LE VERBE AVOIR AU SINGULIER

J'ai } 12 ans.
Tu as } un grand / petit nez.
Il / Elle / On a } les cheveux longs / courts.

quarante-cinq 45

LEÇON 2

J'écoute et je parle

voir p. 41

Les bonnes habitudes devant l'ordinateur

 **1** Écoute Zap Radio et réponds.
a. Comment s'appelle l'émission ?
b. Quel est le sujet d'aujourd'hui ?
c. À qui s'adresse particulièrement l'animatrice ?

Chers auditeurs, chères auditrices, bonjour ! Vous écoutez Zap Radio, et c'est l'heure de notre émission « Tous en forme » !

Aujourd'hui, on va parler des bonnes habitudes à prendre devant l'ordinateur. Les internautes, cette émission est pour vous !

Vous aimez surfer sur Internet ? Vous adorez les chats et les forums ? Vous jouez en ligne avec vos copains ? Résultat : vous passez des heures devant un ordinateur...

Alors... Ouvrez bien les oreilles et écoutez ces conseils, c'est important !

 2 Réécoute et lis. Retrouve les dix liaisons !

3 Lis et imite les intonations.

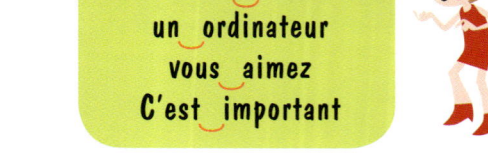

Chers auditeurs !
les bonnes habitudes
un ordinateur
vous aimez
C'est important

Quand fais-tu une liaison ?

 4 Écoute la suite de l'émission. Associe chaque bonne habitude à une illustration.

 a  b  c  d  e

5 Finis les phrases pour retrouver tous les conseils !

Asseyez-vous...
Relâchez...
Changez...
Gardez...
Écrivez...
Placez...
Regardez...
Étirez...

Mémorise les bulles bleues. L'impératif est utile **pour donner des conseils** !

 Boîte à sons [z]

Rose rose, l'oiseau se pose
Rose rouge, l'oiseau bouge
Rose grise, l'oiseau fait la bise

Pause pub

UNITÉ 4

voir p. 42

Vous avez 3 frères, 2 sœurs, et un seul ordinateur ?
Pas de problème : nous avons la solution !
Participez au concours « **Ma TabliNet** » et gagnez une tablette Parfaite pour le Net !

LÂCHE TA CONSOLE, LÂCHE TA TÉLÉ, SAUTE, BOUGE TES PIEDS !
LES **BASKETS REKORD** SUPER POUR LE SPORT !

J'observe et j'analyse

Pour donner des ordres ou des conseils

Relis les publicités. À ton avis, quels sont les verbes à l'impératif ? Comment tu les reconnais ?

L'IMPÉRATIF

Singulier	Pluriel
Écoute !	Écoutez !
Regarde !	Regardez !

À l'oral Écoute et lève la main quand tu entends un ordre.

Pour exprimer l'appartenance

LE VERBE AVOIR ET LA FORME NÉGATIVE

Singulier	Pluriel
J'ai	Nous avons
Tu as	Vous avez
Il / Elle / On a	Ils / Elles ont

⚠ J'ai un ordinateur.
Je n'ai pas d'ordinateur.

Nous avons un problème.
Nous n'avons pas de problème.

6 Écoute ces spots radio et observe les affiches.
  a. Ces publicités parlent de quels produits ?
  b. Lis et imite les intonations.

7 JEU Jacques a dit. Écoute et mime seulement les actions que Jacques a dit !

8 La radio a des interférences ! Remplace les BZZZZ par les mots correspondants. Ensuite, écoute et vérifie.

comparez   avez   avons   sommes   Regardez

Vous BZZZZ le gilet fluo ? Obligatoire pour le vélo ?

Bien sûr ! Nous BZZZZ tout le matériel pour le vélo, la moto...
BZZZZ, BZZZZ !
Nous BZZZZ très bien équipés !

À toi !

Je donne des conseils à la radio

Tu es animateur / animatrice sur Zap Radio. Tu donnes des conseils pour utiliser ton portable, faire du vélo...

LEÇON 3

Je lis et je découvre
Petite histoire des

AU DÉBUT... Les personnes portent un seul prénom.

— Salut Eulalie !
— Salut Guillaume !
— Au revoir, Thibault !

Mais comme la population augmente, beaucoup de gens portent le même prénom... C'est un gros problème !

— Richaaaard !
— Oui ? Oui ? Oui ? Oui ? Oui ?

AU XIIᵉ SIÈCLE

La solution ? Ajouter un surnom pour se différencier...

— Qui est ce jeune homme ?
— C'est Geoffroi !
— Geoffroi qui habite près du lac ? Ou Geoffroi qui habite au château ?

Petit à petit, ce surnom est transmis aux enfants.

— Moi, je m'appelle Richard Dulac. Mon grand-père, c'est Geoffroi Dulac.
— Moi, je suis Louis Leblanc.

AUJOURD'HUI Les enfants portent le nom de leur père, de leur mère ou la combinaison des deux noms.

— Lisa Bouquet ?
— Présente !
— Jules Colin-Petit ?
— Oui !

LES NOMS DE FAMILLE VIENNENT SOUVENT...

du nom ou du surnom du père,

Martin, Louis, Marcel, Petit-Jean

des professions,

Boulanger, Cordier, Boucher, Berger

du caractère,

Lebon, Lesauvage, Lesage, Lamoureux

de l'aspect physique,

Fort, Legrand, Leroux, Petit

des plantes, des arbres, des animaux,

Lafleur, Duchêne, Pommier, Lebœuf, Loiseau, Leloup

des lieux géographiques...

Dupré, Dupont, Lafontaine, Dubois, Dupuis

Et dans ton pays, c'est comment ?

noms de famille

LES 10 NOMS LES PLUS COURANTS EN FRANCE

1. Martin
2. Bernard
3. Thomas
4. Petit
5. Robert
6. Richard
7. Durand
8. Dubois
9. Moreau
10. Laurent

DES NOMS INSOLITES

« Vous croyez que mes parents ne sont pas très malins ? Mais non… Je me suis juste mariée avec un M. Claire. C'est clair, non ? »

Claire CLAIRE

« Quand j'arrive dans un hôtel, on me demande : « Monsieur ? » Je réponds : « Laclef ». « Oui, mais monsieur, votre nom d'abord ! Après, je vous donne la clef ! » »

Yann LACLEF

HA HA HA !

M. et Mme Norak ont une fille… Comment elle s'appelle ?

Réponse : Anne

1 @ Quels sont les noms de famille les plus courants chez vous ? Est-ce qu'il y a des noms insolites ?

DELPHINE MOUTON
12, RUE DE LA FONTAINE
35400 SAINT-MALO
FRANCE

2 Observe cette enveloppe d'« art postal ». Qui est le destinataire ? Quelle est l'origine de son nom de famille ?

Le blog de Claire

UNITÉ 4

Bonjour, les amis !
Pour répondre à Valentine, je ne suis pas fille unique. J'ai deux frères, des jumeaux !
Antoine et Nicolas. Ils ont six ans et, comme tous les frères, ils sont insupportables !
Ils ont toujours des idées stupides : ils cachent mes lunettes, mes cahiers, les photos de mes copains…
Ils écrivent des mots idiots dans mon agenda…
Ils ne respectent pas mes secrets ! Ils entrent dans ma chambre, ils utilisent ma tablette… Enfin, ils sont vraiment pénibles.
Bon, ce n'est pas toujours facile de vivre avec mes deux frères mais il y a des jours où ils sont adorables et alors, j'oublie tout !
Et… attention ! Ils jouent super bien du piano !

C'est pas vrai ! On est toujours sympas avec toi !!
LesJums

Ma pauvre… 😏
Valentine98

1 Lis le post de Claire à haute voix. Où tu fais les liaisons ? Écoute et vérifie.

Je lis, je dis

- **Des, mes, tes** copains : je ne prononce pas le s final.
- **Les‿amis** : je fais la liaison.

2 Parle de quelqu'un que tu aimes bien, même si parfois il y a des petits problèmes.

Je m'amuse
Je joue et je révise

1. Quel âge ils ont ?

Lis avec attention les bulles et découvre l'âge de toute la famille : les grands-parents, les parents et les enfants.

2. Le jeu des différences

Observe Rose et sa famille et retrouve les 7 différences ! Où sont les personnages ? Que font-ils ?

voir p. 44

Il a un problème...

Bilan oral

🎧 **Prépare-toi !** Observe et écoute. Vrai ou faux ?

① **Observe la vignette 1 : Samuel a un ordinateur, des hamsters, des lunettes ? Est-ce qu'il a un message ?**
Exprimer l'appartenance.
… / 4

② **Imagine les trois conseils que la mère donne à Samuel dans la vignette 2.**
a. laisser son ordinateur
b. jouer avec sa petite sœur
c. travailler un peu
Donner des conseils. … / 6

③ **Observe la vignette 4. Où sont les hamsters de Samuel ?**
Situer dans l'espace et nommer des parties du corps. … / 8

④ **Les parents de Samuel vont voir le docteur Enforme. Imagine la conversation.**

- être inquiets
- avoir des problèmes avec Samuel
- trouver Samuel triste

Parler d'un problème. … / 12

⑤ **Samuel présente sa famille à sa copine Alizée. Qu'est-ce qu'il dit ?**
Décrire sa famille. … / 10

SCORE TOTAL … / 40

cinquante et un 51

Tâches finales

A. J'invente un arbre généalogique

Tu vas réaliser l'arbre généalogique de ta famille imaginaire avec tes acteurs et tes chanteurs préférés.

1 Préparation

Choisis des photos ou dessine les membres de ta famille imaginaire.

2 Réalisation

Écris sous l'image :
- le prénom et l'âge,
- qui c'est (tes cousins, ton frère, ta sœur…),
- une caractéristique physique.

3 Présentation

Présente ton arbre généalogique imaginaire à tes camarades de classe : décris l'aspect des membres de la famille (les yeux, les cheveux, le nez…).
Tes camarades te posent ensuite des questions.

B. J'invente une mini-pub

Vous allez fabriquer des petits spots publicitaires et les présenter à votre public.

1 Création

Par petits groupes, vous inventez :
- une marque,
- un slogan qui rime,
- un petit texte humoristique.

2 Réalisation

Vous préparez :
- les décors,
- les déguisements,
- la musique.

@ ASTUCE
Filmez votre annonce publicitaire à l'aide d'un portable, d'une caméra…

3 Mise en scène / Présentation

Vous imaginez une mise en scène originale et présentez votre spot publicitaire devant la classe.

Tu adores le vélo ?
Tu aimes rouler avec les mains sur les genoux ?
Vélos Ledoux, saute avec nous !

Vers le Delf A1

J'évalue mes compétences

Compréhension de l'oral — 14 points

1. Écoute. Vrai, faux ou on ne sait pas ?

Les parents de la fille…
a. sont très écologiques.
b. sont des consommateurs de produits bio.
c. sont végétariens.
d. recyclent tout.
e. n'économisent pas l'eau.
f. adorent voyager en péniche.

2. Écoute. Quel est le numéro de téléphone d'Alfred ?
a. 06 71 93 86 65
b. 06 71 83 96 65
c. 06 71 83 96 75

3. Écoute et réponds aux questions.

1. Qui parle ?
a. un professeur de SVT
b. un vétérinaire
c. un jardinier

2. Qu'est-ce qu'il adore ?
a. les enfants et les animaux
b. les animaux et la nature
c. les plantes et les enfants

3. Quel est le problème principal ?
a. Il a très mal aux jambes à cause de son travail.
b. Il travaille beaucoup.
c. Il travaille le dimanche.

Compréhension des écrits — 6 points

4. Chaque année, Laurent envoie une carte postale de ses vacances à sa grand-mère. Retrouve la photo correspondant à chaque carte postale !

a)
Salut Mamie chérie !
Nous sommes dans un camping à côté du Rhône.
Tout se passe bien, je participe à un championnat de ping-pong et je suis en finale !
Mais le soir, c'est horrible !
Il y a un million de moustiques !!!
Bises
Laurent

b)
Chère mamie Sylvie,
C'est super, la Méditerranée !
On se baigne toute la journée.
Le ciel est bleu, l'eau est turquoise et moi, je suis rouge comme une tomate !
Je t'embrasse bien fort
Laurent

c)
Coucou Mamie.
How are you ?
Je suis à Londres, dans une famille super sympa ! Ils parlent très vite et je ne comprends pas tout mais nous faisons du mime et nous rions beaucoup !
Good bye !
Laurent

cinquante-trois 53

Vers le Delf A1

J'évalue mes compétences

Production orale — 25 points

 5 Entretien dirigé.
Écoute et réponds à ces questions sur ta famille !

6 Échange d'informations.
Pose deux questions à un(e) camarade sur un de ces sujets.

7 Jeu de rôle.
À deux, préparez les sujets suivants.

a. **Deux opinions bien différentes !**
Tu trouves ton collège génial et ton copain / ta copine le trouve horrible.

b. Tu donnes 4 ou 5 conseils à tes petits cousins pour être plus écologiques. Ils trouvent ça génial.

Production écrite — 15 points

8 Écris une carte postale à ta grand-mère pour lui parler de tes vacances.

TOTAL / 60 points

Stratégies

Pour mémoriser !

✓ Fais des associations amusantes !

✓ Écris des mots ou des phrases sur des post-its.

✓ Répète les mots à haute voix.

✓ Écris ou dessine les mots.

✓ Écoute la musique des mots ou des phrases.

✓ Répète et varie les intonations !

✓ Mets en musique un texte à mémoriser : hip-hop, rock, opéra…

Si tu oublies un mot ou une expression, tu dis…

Je suis désolé(e), je ne me rappelle pas.

Excusez-moi, j'ai oublié !

Excusez-moi, j'ai un trou de mémoire !

 1 Écoute et répète.

 2 Mets en scène les bulles !

UNITÉ 5

Dans cette unité, tu vas...

▸ Parler des vêtements

▸ Organiser une fête

▸ Passer un week-end à Bruxelles

▸ Bloguer sur la mode

Tâches finales

▸ Je prépare une visite guidée dans ma ville
▸ J'écris un mail

• voir 📖 p. 45

Looks de vacances

 1 Observe les illustrations.

a. Look Sport ! Écoute. C'est quel numéro ?
b. Look Pôle Nord ! Écoute et réponds.
c. Look Chic ! Vrai ou faux ?

un blouson
un tee-shirt
un pantalon
un short
une casquette
des chaussettes
des baskets
des lunettes de soleil

un anorak
un manteau
un pull
un gilet
un bonnet
une écharpe
des bottes
des gants

une jupe
une chemise
une robe du soir
un chapeau
des sandales
des chaussures à talons
un sac noir

 Look Chic*

  2 Chanson Écoute. Que met Isaac dans son grand sac ? Que met Élise dans sa valise ? Que met Mado dans son sac à dos ?

 3 Écoute et chante !

 4 Lis chaque liste de vêtements et indique le numéro.

 Et toi, qu'est-ce que tu portes aujourd'hui ?

cinquante-cinq **55**

LEÇON

J'écoute et je parle ☞ voir 📖 p. 46

1 Je voudrais une casquette…

 1 Écoute le dialogue. Lève la main quand tu reconnais les phrases des bulles.

- Bonjour, monsieur ! Vous désirez ?
- Je voudrais une casquette…
- Comment trouvez-vous cette casquette noire ?
- Combien elle coûte ?
- 150 euros.
- Elle est trop chère !

 2 Réécoute et réponds aux questions.
a. La situation se passe dans un magasin de vêtements ou dans un magasin de chaussures ?
b. La vendeuse montre à son client une, deux ou trois casquettes ?
c. Finalement, le garçon achète une casquette ?

3 Pourquoi le jeune homme n'achète pas…

a. Parce qu'elle est trop grande.
b. Parce qu'elle est trop chère.
c. Parce qu'il n'aime pas la couleur.

Et toi, tu fais attention au prix des vêtements ?

À toi !

💬 **Je fais du shopping**

Tu entres dans un magasin pour acheter des vêtements. Pose des questions au vendeur. Tu peux utiliser…

ce tee-shirt   **cette chemise**   **ces lunettes**

et aussi…

 Boîte à sons [v]

*Vite, vite,
Voilà le bus !
Vite, vite,
Le bus arrive !
Vite, vite,
Le bus s'en va…
Vroummmmm !*

Pour être poli, on utilise tu ou vous ?

Mémorise les bulles bleues. C'est utile pour faire des achats dans un magasin !

56 cinquante-six

voir p. 47-48

La roulette des vêtements

UNITÉ 5

4 **JEU** Promène ton doigt sur la roulette… Stop ! Dis ce que tu mets. Ton / ta camarade donne son avis.
– Je mets cette ceinture !
– Oh non ! Elle est trop nulle !

Zoom sur la cour

1 Pourquoi ils ont un gant sur la tête ?

2 Pourquoi ils mettent tous le même tee-shirt ?

3 Pourquoi ils ont les yeux rouges ?

4 Pourquoi ils ont les bras levés ?

J'observe et j'analyse

Pour parler des vêtements

LES ADJECTIFS DÉMONSTRATIFS

	Singulier	Pluriel
Féminin	cette chemise	ces chemises
Masculin	ce pantalon	ces pantalons
⚠	cet anorak	ces anoraks

Quand est-ce que tu utilises *cette, ce, cet, ces* ?

LE VERBE METTRE

Je mets — Nous mettons
Tu mets — Vous mettez
Il / Elle / On met — Ils / Elles mettent

🎧 118 À l'oral Écoute la conjugaison.

Quelles personnes se prononcent de la même manière ?

Pour exprimer la cause

POURQUOI / PARCE QUE

Pourquoi tu sautes ?
Parce que je suis content(e).

Et dans ta langue, comment tu exprimes la cause ? Compare !

5 Trouve une réponse à chaque question.
a. Parce qu'ils font de la gymnastique.
b. Parce qu'ils font partie d'un club écolo.
c. Parce qu'ils ont une allergie.
d. Parce qu'ils jouent aux Indiens.

🎧 119 **6** Écoute ces autres réponses. Laquelle tu préfères ?

LEÇON 2 — La fête du siècle

J'écoute et je parle

voir p. 49

1

Cher journal,
J'ha-llu-cine ! Je suis invitée aujourd'hui à LA FÊTE DU SIÈCLE ! Pourquoi du siècle ? Parce que c'est chez Fleur, la fille la plus populaire du collège ! Elle a quinze ans, ses copains sont tous en quatrième ou en troisième.
C'est TROP génial !!!!
Et en plus, elle a 2 frères hyper mignons !!!!

Mais je suis super angoissée...
Je ne sais pas quoi mettre !!

Ma robe verte ? Non, trop classique !!
Mon pull gris et mon jean ? Non ! Trop normal !
Ma jupe noire et mon tee-shirt blanc ? Non, trop, trop...

Bon, il est déjà 4 heures !
Je fais mes devoirs et après je décide !!!!

2

Olivier ! Victor !
Il est 16 h et j'ai encore 1 000 choses à faire pour la fête ! S'il vous plaît !! Vous me donnez un coup de main ?
Moi, je fais les courses au supermarché et vous, vous faites le ménage dans le garage. OK ? Je rentre à 17 h 30 maximum !!!
Vous êtes mes petits frères adorés ! Merci !

3

Ça va ? Pas trop débordée ? Je suis au judo, je rentre à quatre heures et quart, après je fais la cuisine, promis ! J'ai une recette de gâteau au chocolat FANTASTIQUE.
À ce soir !

1 Observe et lis. Qui a écrit chaque texte ?

 a. Fleur, une fille de 4ᵉ

 b. Yann, le meilleur copain de Kenza

 c. Lucie, une fille de 5ᵉ

2 Il est quatre heures et demie… Réponds aux questions.

- Qui fait le ménage ?
- Qui fait les courses ?
- Qui fait la cuisine ?
- Qui fait ses devoirs ?

3 Écoute. Qui parle ? Fleur, Yann ou Lucie ?

Mémorise les bulles bleues. C'est utile pour parler des tâches quotidiennes !

Et vous, que faites-vous avant une fête ?

Boîte à sons

L'heure, c'est l'heure !
Avant l'heure, c'est pas l'heure !
Après l'heure, c'est plus l'heure !

Quelle heure est-il ?

4 Écoute et répète les heures.

a. Il est quatre heures pile.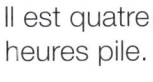
c. Il est quatre heures et quart.
e. Il est cinq heures moins vingt.
g. Il est midi.
b. Il est quatre heures dix.
d. Il est quatre heures et demie.
f. Il est cinq heures moins le quart.
h. Il est minuit.

5 Observe. Il est quelle heure ?

a. 07:20 b. 10:10 c. 11:15 d. 12:30 e. 13:45 f. 14:25 g. 00:00

À toi !

💬 Je dis ce que je fais avant une fête

Ton / ta cousin(e) et toi êtes invité(e)s à un anniversaire. Tu l'appelles pour lui dire à quelle heure commence la fête et ce que tu as à faire avant.

6 Regarde les vignettes.
  a. Qu'est-ce qu'ils font ? À quelle heure ?
  b. Écoute et vérifie.

7 JEU Ferme ton livre et écoute. Indique l'heure exacte.

a. 16 h 05   b. 16 h 30

c. 16 h 40   d. 17 h 10   e. 17 h 15

f. 17 h 20   g. 17 h 35   h. 17 h 45

J'observe et j'analyse

Pour dire l'heure
L'HEURE
Il est quelle heure ?
Il est 1 heure.
Il est 3 heures.

C'est pareil dans ta langue ?

Pour décrire des actions
LE VERBE FAIRE
Je fai**s**
Tu fai**s**
Il / Elle / On fai**t**
Nous fais**ons**
⚠ Vous **faites**
⚠ Ils / Elles **font**

LEÇON 3

Je lis et je découvre

Un week-end

Emma habite à Paris, en France. Elle passe le week-end avec son frère Christophe, étudiant Erasmus* à Bruxelles.

* Programme d'échanges entre les différentes universités européennes

Samedi

9 h 40 Gare de Bruxelles-Midi

C'est la première fois que je suis à Bruxelles, waouh ! Je veux tout visiter !

11 h 00 La Grand-Place

La Grand-Place est la place centrale de la ville de Bruxelles. Elle a été complètement détruite et reconstruite en 1695. Tous les deux ans on décore la place avec un énorme tapis de fleurs de plus de 70 mètres de long.

Il faut presque un million de fleurs et 120 personnes pour faire ce tapis en moins de 4 heures… Hallucinant !

14 h 00 Le musée de la bande dessinée

Voilà mon frère ! Il est mignon, non ?

On visite le Musée de la bande dessinée. Il y a Tintin, Boule et Bill, Lucky Luke, Marsupilami. Tout le monde est là !

Le Centre Belge de la Bande Dessinée (appelé couramment le musée de la bande dessinée) se trouve dans un formidable bâtiment style Art Nouveau. Il a ouvert ses portes au public en 1989.

20 h 00 Dîner dans une brasserie belge

Super journée ! Mais j'ai hyper faim ! On va dîner des moules frites dans une brasserie du centre. Trop bon !

Les moules frites est un plat typique de la Belgique (mais aussi du nord de la France). On prépare les moules avec différents sauces (marinière, à l'ail…).

à Bruxelles

Dimanche

Les chocolats : une spécialité de la Belgique. Il y a 500 chocolatiers et 20 000 boutiques de chocolats en Belgique.

10 h 00 Magasins de chocolat

Mmmmm ! C'est tellement bon les chocolats !

11 h 30 Manneken-Pis

Il est tout mignon avec son petit costume. C'est rigolo !

Le Manneken-Pis est la principale attraction touristique de Bruxelles. C'est une fontaine qui représente un petit garçon. La tradition est d'habiller la statue avec différents costumes à des dates fixes de l'année.

17 h 50 Arrivée en France

De retour à Paris ! Au revoir Bruxelles ! À la prochaine !

1. Lis le journal de voyage d'Emma et réponds aux questions.

1. Quelles sont les deux spécialités gastronomiques de la Belgique ?
2. Cite deux personnages de bande dessinée.
3. Qu'est-ce qui mesure 70 mètres de long ?
4. Qu'est-ce que le Manneken-Pis ?
5. À quelle heure Emma arrive à Paris ?

2. @ Cherche une autre information intéressante sur un de ces lieux touristiques de Bruxelles.

UNITÉ 5

Le blog de Claire

J'aime la mode mais je ne suis pas une *fashion-victime* ! Moi, j'aime être différente, alors je personnalise tout : ma trousse, mon agenda, mon sac, mes tee-shirts, mes chaussettes…
Avec des marqueurs noirs spéciaux, je dessine des signes chinois, des étoiles, j'écris des phrases que j'aime…
Parfois, il y a des gens qui me critiquent… Pourquoi ? Parce que je suis trop originale ? Ça m'est égal ! C'est mon look à moi !
Voilà quelques résultats… Qu'en pensez-vous ? Donnez-moi votre opinion ! Au revoir !

François : C'est trop classe. Je voudrais offrir un tee-shirt comme ça à ma copine !!

1. Lis le post de Claire à haute voix. Marque bien les pauses de la ponctuation et les intonations. Ensuite, écoute et vérifie !

Je lis, je dis

Je lis **oi** et je prononce [wa] comme dans « moi ».

Cherche dans le texte tous les mots avec cette graphie.

2. Et toi ? Es-tu une « victime de la mode » ?

Je m'amuse — Je joue et je révise

1. Quel est mon avatar

💬 Décris ton avatar. Ton / ta camarade devine !

Ton avatar porte des lunettes rouges ? — Non !

Il a un chapeau vert ? — Oui !

C'est le numéro 16 ? — Oui !

2. Blagues d'éléphants

Retrouve la suite de chaque blague !

a. Pourquoi les éléphants ne jouent pas avec l'ordinateur ?

b. Pourquoi les lions ne se promènent pas dans la forêt entre 6 et 7 heures ?

c. Et pourquoi les crocodiles sont plats ?

Pfff... N'importe quoi !

1. Parce qu'ils se promènent dans la forêt entre 6 et 7 heures.

2. Parce qu'ils ont peur de la souris.

3. Parce que les éléphants font du parachute à cette heure-là.

voir p. 52

Sophie Stiqué fait des courses

Bilan oral

🎧 Prépare-toi ! Écoute et observe. Tu comprends tout ?

① Sophie Stiqué adore la mode ! Qu'est-ce qu'elle porte aujourd'hui ? Et les autres personnages de la scène ?
Nommer des vêtements. … / 4

② Voici ses derniers achats…

Donne ton opinion. Utilise *ce, cette, ces*.
Donner son avis sur des vêtements. … / 6

③ Observe l'illustration. Qui pense quoi ?
a. Oh, je suis ridicule avec ce chapeau !
b. Ce petit manteau pour chien est hyper mode !
c. Oh là là ! Pauvre petit chien ! Je préfère mon maître à moi !
d. J'hallucine ! Ce n'est pas possible !
Faire des appréciations. … / 6

④ Imagine le dialogue avec le vendeur du magasin.
Faire des achats. … / 10

⑤ Voici quelques montres de la collection de Sophie Stiqué. Quelle heure est-il ?

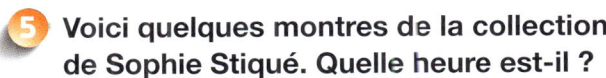

Dire l'heure. … / 4

⑥ Sophie Stiqué adore conjuguer le verbe « faire des courses ». Qu'est-ce qu'elle dit ? Imite-la.
Conjuguer le verbe faire. … / 4

🎧 ⑦ Tu es Sophie Stiqué. Écoute et réponds aux questions de Baptiste, l'intrépide journaliste !
Exprimer la cause. … / 6

SCORE TOTAL. … / 40

soixante-trois

Tâches finales

A. Je prépare une visite guidée dans ma ville

Vous allez présenter votre ville ou votre village à des élèves français pour leur donner vraiment envie de vous rendre visite.

1 Préparation

En grand groupe, faites l'inventaire de tout ce qui est intéressant à voir, à visiter ou à faire pendant un week-end dans votre ville ou votre village.

les monuments   les endroits célèbres   emblématiques
les manifestations culturelles

2 Réalisation

Par petits groupes, proposez les différentes activités : matin, après-midi et soir, le samedi et le dimanche. N'oubliez pas les repas !

3 Présentation

Le programme du week-end est prêt ? N'oubliez pas d'accompagner la présentation de photos, de cartes postales ou de brochures sur les endroits les plus beaux ou les meilleures spécialités de votre région !

 Vous pouvez aussi faire un reportage vidéo à l'aide d'un portable ou d'une caméra !

BIENVENUE CHEZ NOUS !

SAMEDI
MATIN Arrivée à 10 h 30 en bus. Visite du centre-ville
PIQUE-NIQUE AU JARDIN BOTANIQUE
APRÈS-MIDI Visite du musée de la photo
SOIR À partir de 19 h, soirée crêpes à la salle des fêtes ! Avec DJ Luna !

DIMANCHE
MATIN Rendez-vous à 9 h au collège. Visite de la ferme écologique
DÉJEUNER GASTRONOMIQUE À LA FERME

APRÈS-MIDI Jeu d'orientation dans la forêt
SOIR À 18 h, mini-spectacle d'adieu dans la cour du collège ! Départ à 19 h 30... À bientôt !

VIVE LES VISITEURS !

B. J'écris un mail

Tu es invité(e) à une fête. Tu écris un mail à un(e) ami(e).

1 Préparation

Avec ton téléphone portable, prends des photos des vêtements que tu as choisis pour la fête ou cherche-les sur Internet.

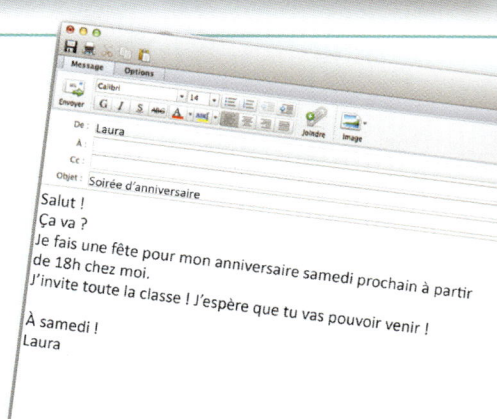

2 Réalisation

- Fais la liste des vêtements et ajoute les photos.
- Donne ton avis sur les vêtements et demande à ton ami(e) comment il / elle les trouve.
- Indique à quelle heure commence la fête, à quelle heure tu veux partir et à quelle heure tu penses rentrer.
- Dis-lui ce que tu as à faire pour te préparer avant la soirée.

UNITÉ 6

Dans cette unité, tu vas...

▸ Parler de tes repas

▸ Découvrir des colonies de vacances

▸ Bloguer sur tes habitudes le matin

Tâches finales

▸ Je fais le blog de ma colonie de vacances

▸ J'organise un quiz sur mes connaissances en français

voir p. 53

L'A B C Délices

1 Écoute l'abécédaire des aliments et répète en rythme.

- **A**nanas
- **B**eurre
- **C**éréales
- **D**atte
- **C**onfiture **E**xtra
- **F**romage
- **G**âteau
- **H**uile d'olive
- Ma**I**s
- **J**ambon
- **K**iwi
- **L**ait
- **M**iel
- **N**oix
- **O**range
- **P**ain grillé
- **Œ**uf à la co**Q**ue
- **R**aisin
- **S**ucre
- **T**omate
- J**U**s de fruits
- Glace à la **V**anille
- Sand**W**ich
- Ma**X**i-tartine
- **Y**aourt
- Pi**ZZ**a

2 Récite l'alphabet et ajoute un geste pour chaque lettre. Tes camarades répètent et imitent tes gestes.

3 Épelle un nom d'aliment. Tes camarades devinent.

L-A-I-T — Lait !

4 C'est sucré ? C'est salé ? Par deux, classez les aliments !

Sucré	Salé
ANANAS	FROMAGE
CONFITURE	ŒUF
...	HUILE D'OLIVE
	...

soixante-cinq 65

LEÇON 1 — C'est l'heure du goûter !

J'écoute et je parle — voir p. 54

 1 Écoute le dialogue. Où ils sont ? Quelle heure est-il ?

- Tu as faim ?
- Oui ! J'ai très faim !
- Qu'est-ce que tu veux ? Tu veux une tartine ?

- Avec du fromage ?
- Non, pas de fromage !
- Bon... Avec de la confiture ?

- Mais... Tu n'as pas faim, alors ?
- Je veux...

2 Observe. Le père propose… Il ne propose pas de…

a b c d e f g h i

 **Boîte à sons** [ɛ̃]

— Comb**ien** de lap**ins** mangent du p**ain** dans le jard**in** de Sylv**ain** ? V**ingt** ?
— Non ! Pl**ein**, pl**ein**, pl**ein** ! Cent v**ingt** !

 **3** Joue la scène. Imite bien les intonations.

 4 Fais d'autres propositions à Tom. À la fin, il accepte.

Mémorise les bulles bleues. C'est utile pour proposer, demander ou refuser des aliments !

 N'oublie pas les formules de politesse : S'il te plaît ! Merci !

Et toi, qu'est-ce que tu veux pour ton goûter ?
Qu'est-ce que tu ne veux pas ?

voir p. 55

Le labyrinthe du petit déjeuner

UNITÉ 6

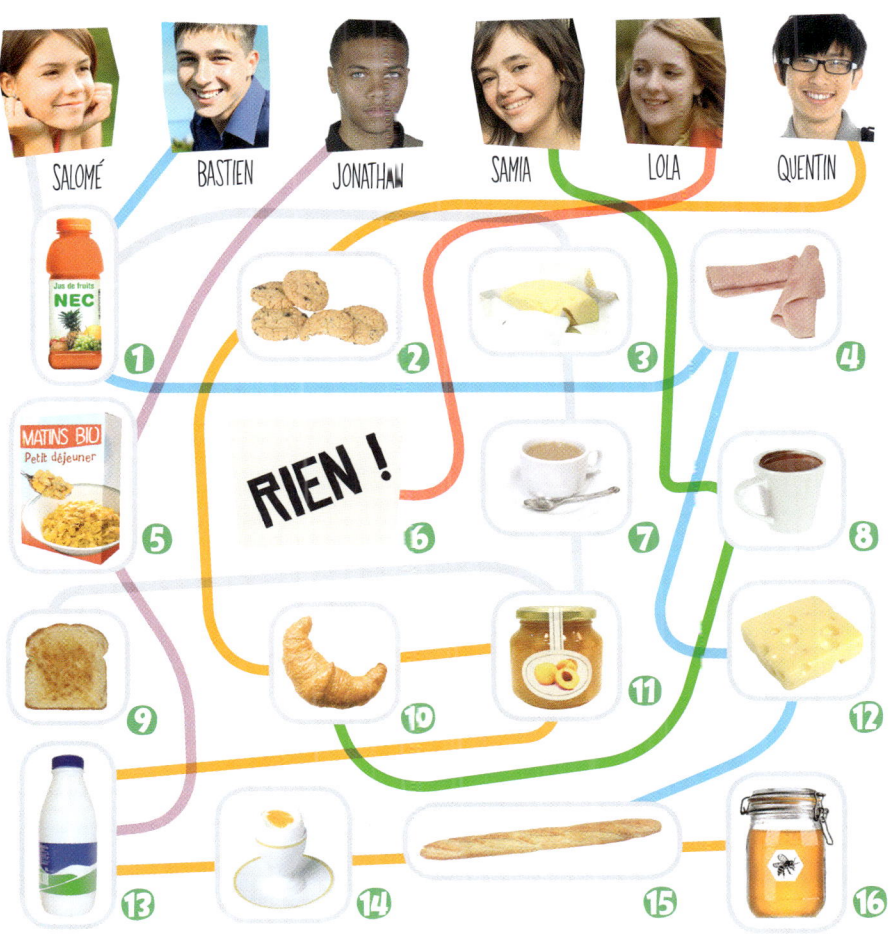

J'observe et j'analyse

Pour parler des aliments

LES ARTICLES PARTITIFS

Je prends...
du chocolat
de la confiture
de l'eau, de l'huile
des céréales

Tu ne prends pas...
de chocolat
de confiture
d'eau, d'huile
de céréales

Dans quel cas tu utilises chaque article ? Compare avec ta langue !

 5 Écoute et observe. C'est quel numéro ?

 6 JEU Qu'est-ce qu'ils prennent pour le petit déjeuner ?
a. Suis le labyrinthe !
b. Ensuite, écoute et vérifie.

LE VERBE PRENDRE

Je prends
Tu prends
Il / Elle / On prend
Nous prenons
Vous prenez
Ils / Elles prennent

Quelles personnes se prononcent de la même manière ?

 À l'oral Écoute et lève la main quand le verbe est au pluriel.

 Un petit déj' à la café' ! Imite la scène.

soixante-sept **67**

LEÇON

J'écoute et je parle

voir p. 56

2 La journée de Clémentine

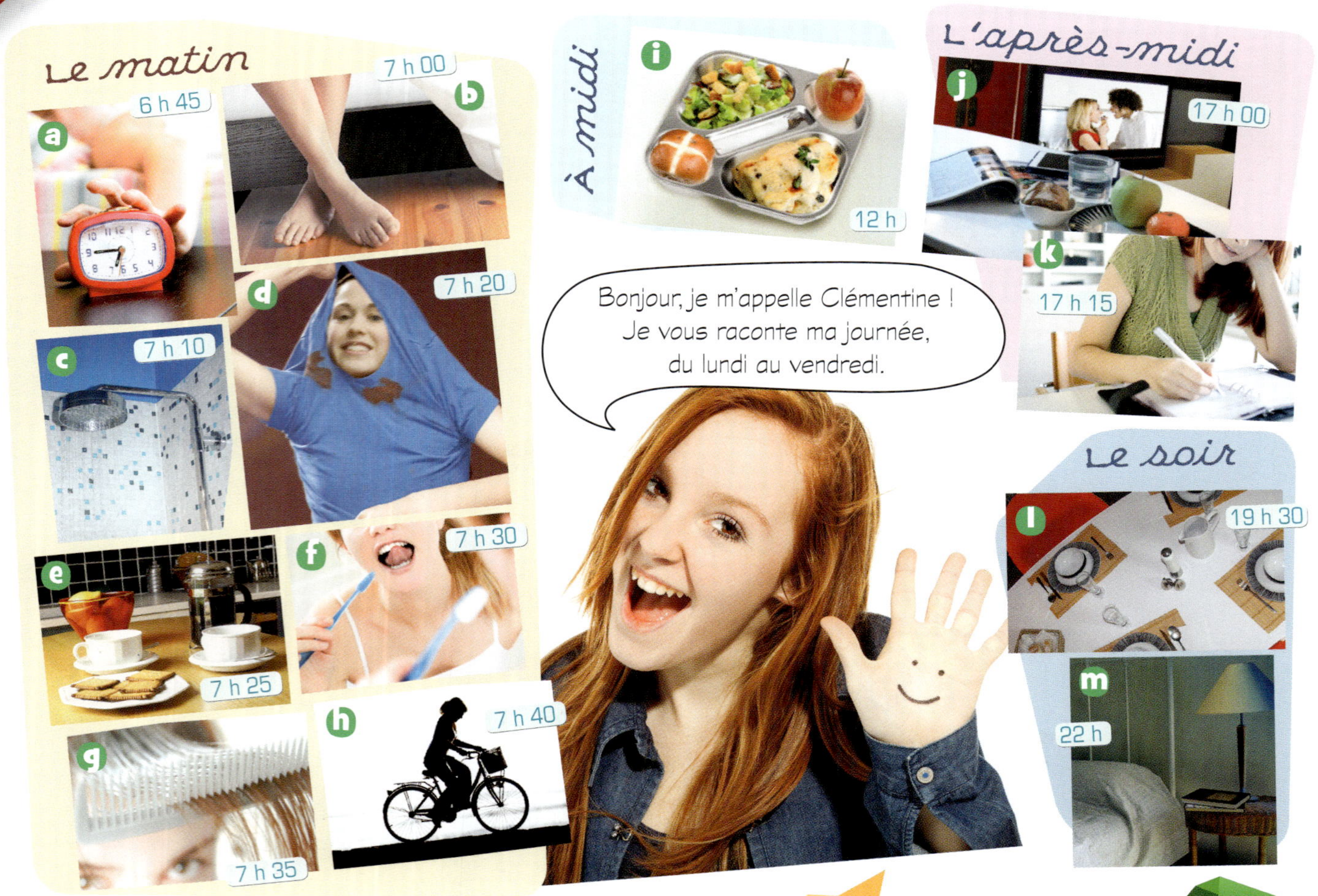

Le matin
- a. 6 h 45
- b. 7 h 00
- c. 7 h 10
- d. 7 h 20
- e. 7 h 25
- f. 7 h 30
- g. 7 h 35
- h. 7 h 40

À midi
- i. 12 h

L'après-midi
- j. 17 h 00
- k. 17 h 15

Le soir
- l. 19 h 30
- m. 22 h

Bonjour, je m'appelle Clémentine ! Je vous raconte ma journée, du lundi au vendredi.

1 Écoute et observe les photos. Qu'est-ce qu'elle a oublié de dire ?

2 Écoute et réponds.
a. Vrai ou faux ?
b. Que fait Clémentine en ce moment ?

3 Remets les actions de Clémentine dans l'ordre !

- Je fais mes devoirs.
- Je me lève.
- Je me douche.
- Je me coiffe.
- Je me brosse les dents.
- Je me réveille.
- Je prends mon goûter.
- Je dîne avec ma famille.
- Je prends mon petit déjeuner.
- Je me couche.
- Je m'habille.
- Je déjeune à la cantine.

Boîte à sons [ʃ]

Chuuut ! Chacha le chat de Charlot est couché sur la cheminée du château. Chuuut !

Et toi, à quelle heure tu te réveilles ?
Tu te lèves… ? Raconte !

Mémorise les bulles bleues. C'est utile pour raconter ta journée !

La « journée » de Nosfer

J'observe et j'analyse

Pour parler de sa vie quotidienne

LES VERBES PRONOMINAUX

Je **me** lave
Tu **te** laves
Il / Elle / On **se** lave
Nous **nous** lavons
Vous **vous** lavez
Ils / Elles **se** lavent

Conjugue et mime un autre verbe pronominal !

À toi !

Je raconte ma journée idéale

Quel est le jour de la semaine que tu préfères ?
Qu'est-ce que tu fais ?
À quelle heure ? Raconte !

– Ma journée idéale c'est le samedi.
Je me réveille à 10 heures.
À 10 heures et demie, je prends le petit déjeuner.
À 11 heures…

4 Observe Nosfer et raconte ce qu'il fait.

5 JEU DE RÔLE Max le zombie passe tous les week-ends chez Nosfer. Qu'est-ce qu'ils font ? Demande des précisions !
– Le samedi, nous nous levons à 11 heures du soir…
– À 11 heures du soir ?! Et à quelle heure vous prenez le petit déjeuner ?
– On prend le petit déjeuner à minuit ! Après, Nosfer se douche, et moi…

6 Raconte et illustre le week-end de Max et Nosfer sur ton cahier.

LEÇON 3

Je lis et je découvre

4 bonnes idées pour

Ces cinq jeunes sont en colonie de vacances en France. Lis leurs témoignages. Tu comprends l'essentiel ?

Devine le sens des mots difficiles : observe les photos, cherche les mots-clés, aide-toi des mots transparents…

Carla, 14 ans, et Éric, 17 ans

Aïssatou, 16 ans

La colo en Haute-Savoie, c'est trop cool ! Avec mon frère, nous sommes dans le groupe « sports à risques » : rafting, canyoning et escalade. Demain, on descend les rapides dans les gorges des Tines. Waouh ! J'adore !

HAUTE-SAVOIE

Je suis ici avec mes deux meilleures amies ! Le matin, tout le groupe se lève à la même heure. On prend le petit déjeuner, on prépare le pique-nique, on prend les vélos et hop ! En route pour la plage ! La mer est trop géniale dans les Landes !

LANDES

Sarah, 13 ans

Jules, 11 ans

Je suis dans un centre de vacances près de Carcassonne, dans l'Aude. Aujourd'hui, nous partons pour une randonnée de trois jours à cheval. Au programme : visite des châteaux cathares, avec un spécialiste de l'histoire de la région. Et attention, pas de tente : on dort à la belle étoile, comme les chevaliers au Moyen Âge !

AUDE

Avec cette colo, je peux partir en vacances sans mes parents ! Je suis dans le Morbihan avec d'autres jeunes de mon âge (en tout nous sommes douze : six valides et six handicapés) et nous partageons toutes les activités. Nous faisons des jeux de piste, des feux de camp… On se couche tard, mais c'est génial ! Les animateurs sont trop sympas. Je me sens libre !

MORBIHAN

70 soixante-dix

voir p. 59

les vacances

1 Associe chaque titre à un témoignage.

UNE COLO DANS L'EAU ET EN VÉLO !

VIVE LA SOLIDARITÉ !

ÉMOTIONS FORTES GARANTIES !

LEÇON D'HISTOIRE GRANDEUR NATURE

2 @ Cherche d'autres informations sur un de ces lieux de vacances.

Les vacances scolaires

Pour les vacances scolaires, la France est divisée en 3 zones.

- Zone A
- Zone B
- Zone C

ZONE A

• Vacances de la Toussaint
Du 18 octobre au 3 novembre

• Vacances de Noël
Du 20 décembre au 5 janvier

• Vacances d'hiver
Du 7 au 23 février

• Vacances de printemps
Du 11 au 27 avril

• Vacances d'été
juillet et août

3 Enzo habite à Lille, sa cousine Aurélie habite à Bordeaux. Est-ce que c'est la même zone ?

4 Lis le calendrier de la zone A. Tu as les mêmes vacances ?

Partir en vacances, c'est une chance ! En France, il y a environ 3 millions d'enfants qui ne partent jamais en vacances.

UNITÉ 6

Le blog de Claire

Dans ma famille, chaque matin, l'un de nous prépare le petit déjeuner, comme ça les autres dorment un peu plus. C'est un bon système, non ? Aujourd'hui, jeudi, c'est mon tour !
À sept heures moins vingt, le réveil sonne…
Oh là là ! C'est vraiment un horaire inhumain !
Un peu d'eau froide sur le visage…
Ça y est ! Je suis réveillée !
Vite ! À la cuisine ! Je prépare le café pour mon père, le thé pour ma mère, du jus d'orange pour tout le monde… Je sors le beurre et le lait du frigo… Je mets le fromage, la confiture et le miel sur la table. Je coupe le pain extra-fin… Et je prépare deux grands bols pleins de céréales pour mes frères !
À sept heures, je réveille tout le monde !
Le petit déj' est prêt ! Et j'ai très faim !

Voilà la super table de mon petit déj' !

Mmmm… jeudi prochain, je prends mon petit déjeuner chez toi !
Louloubal

1 Lis le post de Claire à haute voix. Ensuite, écoute et vérifie.

Je lis, je dis

Je lis **in**, **ein**, **ain**, **aim** et je dis [ɛ̃] comme dans « pain ».

Cherche dans le texte tous les mots avec ces graphies.

2 Comment ça se passe chez toi le matin ? Raconte !

Je m'amuse — Je joue et je révise

1. Le petit déjeuner du funambule

 Écoutez et chantez tous ensemble ! Un groupe dit l'alphabet, l'autre dit les paroles.

ABC Au petit déjeuner
DEF Moi, je mange un œuf
GHI Et beaucoup de fruits
JKL Une tartine de miel
MNO Un chocolat chaud !

Mais ce que je préfère   PQR
C'est lire une revue   STU
Et boire un petit thé   VW
Sur la corde raide !   XYZ

2. La fête de fin d'année

Observe l'illustration et trouve au moins une chose qui commence par chaque lettre de l'alphabet.

voir p. 60

La journée de Supermamie

Prépare-toi ! Écoute et observe. C'est quelle vignette ?

1 Décris l'emploi du temps hyperchargé de Supermamie.
   Raconter sa journée. … / 10

2 Qu'est-ce qu'elle fait entre les vignettes 1 et 2 ? Dis 4 actions.
   Utiliser des verbes pronominaux. … / 8

3 Qu'est-ce qu'elle prend au petit déjeuner ?
   Décrire son petit déjeuner. … / 4

4 Supermamie fait très attention à son alimentation. Quand elle va au supermarché, qu'est-ce qu'elle achète ? Qu'est-ce qu'elle n'achète pas ?
   Parler d'aliments (utiliser les partitifs). … / 6

5 Supermamie réserve une table au restaurant, mais le garçon est un peu sourd ! Elle épelle son nom : Sidonie Fasol. Jouez la scène !
   Épeler un mot. … / 6

6 Tu es Baptiste, l'intrépide journaliste ! Pose au moins 6 questions à Supermamie sur son emploi du temps.
   Poser des questions sur l'emploi du temps de quelqu'un. … / 6

SCORE TOTAL … / 40

Tâches finales

A. Je fais le blog de ma colonie de vacances

1 Préparation

Imagine une colonie de vacances :
- l'endroit,
- les activités,
- les repas.

2 Réalisation

Raconte sur ton blog une journée dans la colonie :
- tes habitudes quotidiennes,
- ton emploi du temps et tes activités,
- tes repas : ce que tu prends pour le petit déjeuner, le déjeuner et le dîner.

Pour améliorer la colonie l'année suivante, dis :
- ce que tu veux manger,
- les activités que tu veux faire.

B. J'organise un quiz sur mes connaissances en français

C'est la fin de l'année scolaire ! Vous savez déjà beaucoup de choses en français. Alors, avant de partir en vacances, vous allez tester vos connaissances !

1 Formez des équipes de 5 maximum.

2 Rédigez 5 questions à poser aux autres équipes sur les sujets suivants :

Orthographe · Grammaire · Géographie · Vocabulaire · Culture générale

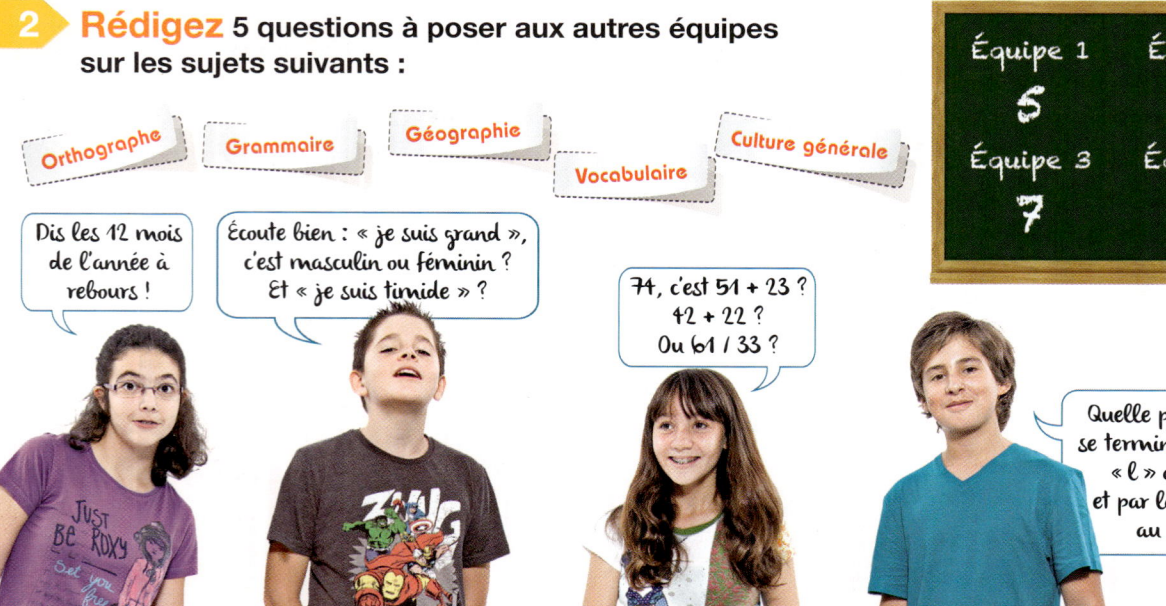

Que le concours commence !

Dis les 12 mois de l'année à rebours !

Écoute bien : « je suis grand », c'est masculin ou féminin ? Et « je suis timide » ?

74, c'est 51 + 23 ? 42 + 22 ? Ou 61 / 33 ?

Quelle partie du corps se termine par la lettre « l » au singulier et par la lettre « x » au pluriel ?

J'évalue mes compétences

Compréhension de l'oral `15 points`

1 Écoute ces 4 situations et réponds aux questions.

a. De quoi ils parlent ? Associe une image à chaque situation.

b. Qui parle ? Associe ces personnages à chaque situation.

c. Où se passe l'action ?

2 Écoute le dialogue et indique la bonne orthographe de ce nom.

a. Thaffelmacher b. Taffelmasher c. Taffelmacher d. Tafelmacher

Compréhension des écrits `5 points`

3 Lis le programme du séjour de Yassine à Devon et réponds aux questions.

1. À quelle heure Yassine doit se lever ?
   a. à 6 h   b. à 7 h 30   c. à 8 h 15

2. Yassine a faim pendant le cours d'anglais. Qu'est-ce qu'il peut prendre avant le déjeuner ?
   a. Une boisson et un aliment salé.
   b. Une boisson et un aliment sucré.
   c. Un fruit et un aliment sucré.

3. Il veut faire du tennis. Quel type de chaussures il met ?

4. Les visites culturelles sont le matin ou l'après-midi ?

5. Quels repas il prend avec sa famille d'accueil ?

Séjours linguistiques en Angleterre

Welcome !

Programme – Devon
Jeudi 16 août
8 h 00   Petit déjeuner en famille
9 h 00   Cours d'anglais au St Stephen College
10 h 30 Pause : thé et biscuits
11 h 00 Jeux et animations dans la cour
12 h 00 Déjeuner à la cantine St Stephen
13 h 30 Temps libre
15 h 00 Sports : tennis (apporter des baskets, un short et une casquette) ou piscine (apporter un maillot, des lunettes, un bonnet de bain et une serviette)
16 h 30 Visites culturelles
19 h 00 Dîner en famille
         Soirée TV ou promenade avec la famille

Vers le Delf A1

Production orale — 25 points

 4 Entretien dirigé. Écoute et réponds à ces questions sur tes habitudes.

5 Échange d'informations. Pose 3 questions à un(e) camarade à partir de ces images.

6 Jeu de rôle. Tu entres dans un magasin de vêtements. Tu voudrais acheter un pull, mais il coûte 60 euros. Ton / ta camarade est le vendeur / la vendeuse.

POURQUOI ?

Production écrite — 15 points

7 Tu fais un séjour linguistique. Raconte à ta mère, par mail, le programme de tes journées (activités, horaires…)

TOTAL / 60 points

Stratégies

Pour s'exprimer à l'oral !

✓ Tu ne trouves pas le mot exact ?
✓ Tu as peur de faire des erreurs ?
✓ Tu penses que tu ne prononces pas bien ?

ALORS

✓ Utilise les gestes, les mimiques.

✓ Répète encore une fois ce que tu veux dire.

✓ Cherche d'autres manières de dire la même chose.

Si tu es bloqué(e), tu dis…

- Je suis désolé(e), je ne trouve pas le mot…
- Excusez-moi, je suis bloqué(e) !
- Attendez, s'il vous plaît…
- Euh… Euh…
- C'est comme…

1 Écoute et répète.

2 Mets en scène les bulles !

Transcriptions

UNITÉ 0

Facile, le français ! p.7

1. Un sandwich et une eau minérale, s'il vous plaît !
2. Nicolas, passe le ballon, vite !
3. - Aïe !
   - Attention !
   - Oh, pardon madame !
4. Chut, silence !
5. 1, 2, 3, 4, 5, 6, 7, 8, 9, 10...
6. - Maman... Maman...
   - Qu'est-ce que tu as, mon chéri ?

Je compte jusqu'à 10 ! p.7

Je m'appelle François, et je compte jusqu'à 3 : 1, 2, 3 !
Je m'appelle Boris, et je compte jusqu'à 6 : 1, 2, 3, 4, 5, 6 !
Je m'appelle Juliette, et je compte jusqu'à 7 : 1, 2, 3, 4, 5, 6, 7 !
Je m'appelle Gladys, et je compte jusqu'à 10 : 1, 2, 3, 4, 5, 6, 7, 8, 9, 10 !

Eh ! Comment tu t'appelles ? p.8

Comment ça va ? p.9

soixante-dix-sept 77

Qu'est-ce que c'est ? p.12

- Salut Marion !
- Ah, bonjour, Pierre.
- Tiens..., un cadeau pour toi !
- Pour moi ? Qu'est-ce que c'est ?
- Devine !
- C'est un porte-clés
- Non...
- Des bonbons ?
- Non, non...
- Un mini-agenda ?
- Non, non...
- Eh bien,... Je ne sais pas !
- Bon, ouvre, ouvre, le cadeau !
- Oh, une gomme ! Une gomme en forme de cœur... Merci !

Lundi, maths... p.14

- Pas possible ! Lundi, maths ; mardi, maths ; mercredi, maths ; jeudi, maths... Et vendredi, maths !
- Ben, c'est génial ! Moi, j'adore les maths !
- Les maths ?! Tu adores les maths ?

Quel est ton sport préféré ? p.22

- Alors, Hugo ? Tu es prêt ? Je commence l'interview pour les correspondants anglais ?
- D'accord !
- Hum hum... *Hello* ! *Hello* Manchester ! Bonjour ! Ici, Émilie. Aujourd'hui, 17 février, avec nous, un grand sportif. Il s'appelle Hugo, Hugo Dourti ! Hugo, tu es dans quelle classe ?
- En 5ᵉ B.
- Quel est ton sport préféré ?
- J'adore le basket mais... j'aime aussi... le tennis... le ski...
- Et quelle est ton idole, Hugo ?
- Ricky Garcia ! Il est ultra rapide, très, très intelligent, hyper résistant... Ah, il est vraiment génial !
- Oh là là... Et le football ? Tu n'aimes pas le football ? À Manchester, il y a une très bonne équipe !
- Oh non, je suis désolé, je n'aime pas le foot ! *Sorry, sorry* ! Mais je sais qu'à Manchester, il y a une équipe formidable... !

Chanson : Amour impossible p.23

Moi, j'adore le rock,
Toi, tu aimes l'opéra...
Moi, j'adore le skate,
Toi, tu détestes ça !
Et tu... tu ne m'aimes pas...
Et tu... tu ne m'aimes pas...

J'adore l'informatique,
Toi, tu détestes ça !
Moi, j'aime l'escalade,
Toi, tu adores le yoga...
Et t... tu ne m'aimes pas...
tu... tu ne m'aimes pas... (x2)

L'anniversaire de Mélissa

- Mélissa ! Écoute bien. Qui est-ce ? Il est petit et très fort..
- Heu...
- Il est champion de judo...
- C'est Ludo !
- Oui !
- Elle adore les animaux et les reportages sur la nature... Elle joue hyper bien au basket... et... elle est toujours contente !
- C'est Rose !
- Bravo !
- Ils sont petits, ils sont hyper intelligents... Et ils sont trop bons au ping-pong...
- C'est facile ! Tom et Samy !
- Oui ! Elle est grande, elle est timide... Elle adore la musique et la danse... Elle est très, très romantique...
- Trop facile ! C'est Marion !
- Oui... ta meilleure copine ! Bravo, Mélissa Tu es la meilleure !
- Et vous, vous êtes adorables !

UNITÉ 3 — Vive la piscine ! p.34

Situation 1
- Cette piscine est géniale, tu ne trouves pas ? Elle porte bien son nom ! Piscine « Le Paradis »...
- Bof...
- Moi, j'adore venir ici ! Je regarde les gens, j'écoute de la musique, je lis...
- Et... et tu ne nages pas ?
- Non ! Je préfère bronzer !

Situation 2
Cette piscine est une catastrophe !
Les douches ne marchent pas... Les toilettes sont sales...
Les enfants sont insupportables ! Ils crient, ils sautent dans l'eau ! Et on appelle ça piscine « Le Paradis » ?

100 % écolos ! p.36

- Bonjour ! Nous sommes au collège Ampère... Le collège qui a gagné le 1er prix « L'école écolo » !
- Ouais ! Youhou !
- Alors... vous êtes 100 % écolos ?
- Oui !
- Et quels sont les bons gestes écolos ? Répondez bien fort, tous ensemble ! Vous réutilisez les feuilles de papier ?
- Oui !
- Non, non, la phrase complète !
- Oui, nous réutilisons les feuilles de papier !
- Vous économisez l'électricité ?
- Oui, nous économisons l'électricité !
- Vous recyclez les piles ?
- Oui, nous recyclons les piles !
- Vous n'utilisez pas les sacs en plastique ?
- Non, nous n'utilisons pas les sacs en plastique !
- Alors, bravo ! Vous êtes 100 % écolos !
- 100 % écolos ! 100 % écolos ! 100 % écolos !

UNITÉ 4

Transcriptions

Chanson : Quel monstre p.43

Une tête,
deux jambes,
un nez,
deux yeux,
deux pieds,
deux cuisses,
et deux oreilles,
une bouche,
deux bras,
deux mains,
dix doigts.
Quel monstre !
Qui est-ce ?
C'est moi !

La fête du cerf-volant p.44

- Oh, tu pleures ? Qu'est-ce que tu as ?
- Je ne trouve pas ma maman...
- Ta maman ? Tu ne trouves pas ta maman ? Comment tu t'appelles ?
- Enzo...
- Et quel âge tu as, Enzo ?
- J'ai 5 ans !
- Ne pleure pas, Enzo, ta maman...
- Enzo ! Mon chéri !
- Maman !

La famille d'Arthur Chevelu p.45

- Mon père est le meilleur chef de Paris.
  Ma mère est une actrice in-ter-na-tio-nale !
  Ma grand-mère est prix Nobel de médecine.
  Ma sœur est championne de tennis.
  Mon frère a 10 ans et c'est un as en physique !
- Alors, tu es le seul idiot de la famille ?

Les bonnes habitudes devant l'ordinateur p.46

Chers auditeurs, chères auditrices, bonjour !
Vous écoutez Zap Radio, et c'est l'heure de notre émission « Tous en forme » !
Aujourd'hui, on va parler des bonnes habitudes à prendre devant l'ordinateur.
Les internautes, cette émission est pour vous !
Vous aimez surfer sur Internet ?
Vous adorez les chats et les forums ?
Vous jouez en ligne avec vos copains ?
Résultat : vous passez des heures devant un ordinateur...

Alors... Ouvrez bien les oreilles et écoutez ces conseils, c'est important !

1. - Asseyez-vous bien droit et relâchez les épaules. Si vous avez souvent les yeux rouges, gardez une distance de 50 cm entre l'écran et vous.
2. - Placez les pieds à plat sur le sol.
3. - Changez souvent de position : étirez les bras et les jambes !
4. - Regardez souvent par la fenêtre pour admirer les arbres, les nuages dans le ciel...
5. - Écrivez ce slogan bien grand devant vous : « Devant l'ordi, une heure, ça suffit ! »
   Vous avez d'autres techniques pour être en forme ? Téléphonez au 01 45 80 00 ! Participez, c'est important pour nous... Et pour vous !

UNITÉ 5

Chanson : Looks de vacances p.55

Je mets dans mon gros sac
un énorme anorak,
des bottes, trois gilets,
une écharpe et un bonnet,
*une casquette, des baskets,
et quatre paires de chaussettes !*

Je mets dans ma valise
une jupe et deux chemises,
des grosses lunettes noires,
une robe du soir,
*une casquette, des baskets,
et quatre paires de chaussettes !*

Je mets dans mon sac à dos
un énorme chapeau,
un short et un blouson,
deux tee-shirts et un pantalon,
*une casquette, des baskets,
et quatre paires de chaussettes !*

Je voudrais une casquette... p.56

– Bonjour, monsieur ! Vous désirez ?
– Je voudrais une casquette...
– Une casquette ? Tenez... regardez cette casquette rouge... Elle est belle, non ?
– Euh...
– Vous n'aimez pas ? Pourquoi ?
– Parce que je n'aime pas le rouge...
– Ah bon, ce n'est pas grave, nous avons des casquettes de toutes les couleurs ! Comment trouvez-vous cette casquette noire ? Elle est géniale !
– Oui... mais elle est trop grande pour moi... Non, non, elle ne me va pas !

– Et cette casquette verte ? Elle est très originale !
– Ah oui ! Elle est parfaite ! Combien elle coûte ?
– 150 €.
– Comment ? 150 € !? Oh là là... Elle est trop chère !
– Ah ! Mais monsieur... c'est une casquette Kevin Karre, la marque des stars !
– Désolé... mais moi, euh... je ne suis pas une star ! Au revoir !

La fête du siècle p.58

Situation 1
Papa, je suis devant le gymnase !
Qu'est-ce que tu fais ? Tu arrives ?
Il est déjà quatre heures cinq !

Situation 2
– Mais qu'est-ce qu'ils font ? Pourquoi ils ne répondent pas ?
– Allô ?
– Ah, enfin, Victor ! S'il te plaît, regarde dans la cuisine ! Il y a des serviettes en papier ?
– Euh... oui !
– Ok ! Merci !

Situation 3
– Tu fais quoi samedi ?
– Je vais chez Fleur !
– Chez Fleur ?! Tu es invitée à sa fête ?
– Oui ! C'est génial !

C'est l'heure du goûter ! p.66

- Tom, il est 4 heures, l'heure du goûter ! Tu as faim ?
- Oui, j'ai très faim !
- Très bien ! Qu'est-ce que tu veux ? Tu veux une tartine ?
- Oui !
- Mmmm... moi aussi, je prends une tartine ! Avec du fromage ! Et toi ? Avec du fromage ?
- Non, pas de fromage !
- Bon... Avec de la confiture ?
- Non, je veux pas de confiture !
- Alors... tu veux des biscuits ?
- Non, je veux pas de biscuits ! Et... une banane ?
- Non ! Je veux pas de banane
- Mais... tu n'as pas faim, alors ?!
- Je veux... mon biberon !

La journée de Clémentine p.68

Bonjour ! Je m'appelle Clémentine. Je vous raconte ma journée, du lundi au vendredi... À sept heures moins le quart, le réveil sonne ! Je me réveille mais je reste au lit dix ou quinze minutes de plus. J'adore ! Ma mère m'appelle : « Clémentine ! Il est sept heures ! Moi, je pars. À ce soir, ma chérie ! » Sept heures ! Je me lève comme un zombie, je me douche... Je m'habille en cinq minutes : un jean, un tee-shirt, des baskets et voilà ! Quand je rentre dans la cuisine, le petit déj' est prêt ! Merci papa ! Après, vite ! Je me brosse les dents, je me coiffe, je prends mon sac, j'embrasse mon père et hop ! Je pars au collège en vélo ! Il est déjà huit heures moins vingt ! À midi, je déjeune à la cantine ! Il y a des jours où c'est pas mal...

L'après-midi, à cinq heures quand j'arrive à la maison, je m'installe devant la télé et je prends mon goûter... ouf ! Nous dînons à dix-neuf heures trente. Enfin, toute la famille est réunie ! Je me couche à neuf heures et demie, ou à dix heures maximum... Je lis un peu... Mes yeux se ferment... Bonne nuit !

Résumé grammatical

Les articles

ARTICLES DÉFINIS

	Masculin	Féminin
Singulier	le garçon l'agenda	la fille l'histoire
Pluriel	les garçons les agendas	les filles les histoires

⚠ On utilise *l'* devant les noms singuliers féminins ou masculins qui commencent par une voyelle ou par un « h » muet.

Les articles définis *le* et *les* se contractent avec les prépositions *à* et *de*. Cette contraction est obligatoire !

- **à + le = au**
  Ils jouent au foot.
  Elle est au collège.

- **à + les = aux**
  Je vais aux toilettes. (fém.)
  Elles jouent aux échecs. (masc.)

- **de + le = du**
  Il fait du sport.
  Les fenêtres du théâtre.

- **de + les = des**
  L'avion vient des Îles Baléares. (fém.)
  Les vélos des enfants. (masc.)

ARTICLES INDÉFINIS

	Masculin	Féminin
Singulier	un crayon	une gomme
Pluriel	des crayons	des gommes

ARTICLES PARTITIFS

Ils indiquent une quantité non déterminée.

	Masculin	Féminin
Singulier	du lait de l'ananas	de la confiture de l'eau
Pluriel	des biscuits	des céréales

Tu veux de la salade ? ou des tomates ?

À l'oral Pour les articles, attention à la liaison !

Définis	les arbres	les hôtels
Indéfinis	un arbre des arbres	un hôtel des hôtels
Partitifs	Je veux des oranges.	

ARTICLES PARTITIFS ET INDÉFINIS À LA FORME NÉGATIVE

PARTITIFS

	Forme affirmative	Forme négative
Singulier	Je prends du lait. Il veut de la confiture. Elle boit de l'eau.	Je **ne** prends **pas** de lait. Il **ne** veut **pas** de confiture. Elle **ne** boit **pas** d'eau.
Pluriel	Il y a des céréales.	Il **n'**y a **pas** de céréales.

INDÉFINIS

	Forme affirmative	Forme négative
Singulier	Elle a un travail. Tu as une sœur. Il raconte une histoire.	Elle **n'**a **pas** de travail. Tu **n'**as **pas** de sœur. Il **ne** raconte **pas** d'histoire.
Pluriel	Il a des amis. J'ai des lunettes.	Il **n'**a **pas** d'amis. Je **n'**ai **pas** de lunettes.

Tu as un problème ? Hein ? Tu as un problème ?

Euh, non, non... Je n'ai pas de problème...

Résumé grammatical

Le masculin et le féminin

LES ADJECTIFS

Féminin = Masculin + « e »		Féminin = Masculin		Féminin ≠ Masculin	
Il est...	Elle est...	Il est...	Elle est...	Il est...	Elle est...
gran**d**	grand**e**	adorabl**e**	adorabl**e**	gro**s**	gro**sse**
peti**t**	petit**e**	timid**e**	timid**e**	blan**c**	blan**che**
ver**t**	vert**e**	jaun**e**	jaun**e**	sporti**f**	sporti**ve**
génia**l**	génial**e**	symp**a**	symp**a**	b**eau**	b**elle**

 À l'oral Au masculin, les consonnes finales sont muettes : *fort* [fɔr], *grand* [grã].
Au féminin, on entend ces consonnes : *forte* [fɔrt], *grande* [grãd].

LES NOMS

Féminin = Masculin + « e »		Féminin = Masculin		Féminin ≠ Masculin	
un	une	un	une	Un	Une
étudian**t**	étudiant**e**	journalist**e**	journalist**e**	ac**teur**	ac**trice**
clien**t**	client**e**	secrétair**e**	secrétair**e**	direc**teur**	direc**trice**
avoca**t**	avocat**e**	interprèt**e**	interprèt**e**	coif**feur**	coif**feuse**

⚠ Certains noms de professions n'ont traditionnellement pas de féminin *(Il / Elle est ingénieur, écrivain...)* mais la tendance actuelle est à la féminisation *(Elle est professeure, auteure...)*.

Le nombre

Singulier	Pluriel
Le garçon est petit.	Les garçons sont petits.
Il y a un moustique.	Il y a des moustiques.
La fille est gentille.	Les filles sont gentilles.

⚠ Il y aussi des pluriels en « x ».
Il a un beau jeu vidéo.
→ Il a trois beau**x** jeu**x** vidéo.

 À l'oral Au pluriel, on ne prononce pas le « s » (ou le « x ») final.
*le**s** garçon**s**, de**s** moustique**s**, te**s** fille**s**, se**s** jeux*

Pour les articles, les possessifs et les démonstratifs, la marque orale du pluriel est le son [e].
les [le] / *des* [de] / *mes* [me] / *ces* [se] *livres*

Les prépositions

PRÉPOSITIONS DE LIEU

sous — sur

devant — derrière — dans

à côté de / à gauche de — à côté de / à droite de

AUTRES PRÉPOSITIONS

Elle est chez moi. Il est à Paris. Je vais en France.
Il vient de la piscine. Je suis en 5ᵉ.

quatre-vingt-cinq **85**

Résumé grammatical

Les adjectifs

ADJECTIFS POSSESSIFS

	Masculin	Féminin
Singulier	mon sac ton sac son sac	ma trousse ta trousse sa trousse
Pluriel	mes sacs tes sacs ses sacs	mes trousses tes trousses ses trousses

Où est mon tee-shirt ?
Où sont mes chaussettes ?
Où est ma casquette ?
Où est mon écharpe ?

Pour bien utiliser les adjectifs possessifs, il faut savoir qui est le possesseur.

je → mon, ma, mes
tu → ton, ta, tes
il, elle → son, sa, ses

⚠ On utilise le masculin devant les mots féminins qui commencent par une voyelle ou par un « h » muet.

mon amie Mélissa
ton histoire préférée

ADJECTIFS DÉMONSTRATIFS

	Masculin	Féminin
Singulier	ce chien	cette tortue
	cet oiseau	cette abeille
Pluriel	ces chiens	ces tortues
	ces oiseaux	ces abeilles

L'interrogation

Questions fermées
(on répond par oui ou non)

C'est facile ?
Est-ce que tu comprends ?

Pour identifier

Qui est-ce ?
Qui fait du basket ?
Qu'est-ce que c'est ?
Qu'est-ce qu'il aime ?
C'est quel film ?
Ce sont quels films ?
C'est quelle actrice ?
Ce sont quelles actrices ?

Pour demander la cause

Pourquoi tu chantes ?
Parce que je suis content !

Pour demander des précisions

Comment est Marion ?
Combien de frères tu as ?
Quand commencent les vacances ?
Quel âge tu as ?
Quelle est ta couleur préférée ?
Où va Léon ?

⚠ Le mot interrogatif peut se placer au début ou à la fin de la phrase.

Où tu vas ?
Tu vas où ?

Résumé grammatical

Les pronoms personnels

PRONOMS SUJETS

Ils sont obligatoires devant les verbes conjugués, sauf à l'impératif.

je / j'	nous
tu	vous
il / elle / on	ils / elles

⚠ **En langue familière, *on* = *nous*.**

Tu ou vous ?

On utilise *tu* quand on s'adresse à des copains, à la famille. Dans les autres cas, on utilise le *vous* de politesse.

PRONOMS TONIQUES

Ils peuvent être utilisés pour renforcer le pronom sujet.

Moi, j'aime le rock. Toi, tu adores l'opéra.
Elle, elle aime le tango. Lui, il adore la samba.
Nous, nous aimons le chocolat. Vous, vous adorez la pizza.
Elles, elles aiment les films d'horreur. Eux, ils adorent les comédies.

Les verbes pronominaux

Je	me	lave
Tu	te	laves
Il / Elle / On	se	lave
Nous	nous	lavons
Vous	vous	lavez
Ils / Elles	se	lavent

Autres verbes pronominaux : se réveiller, se lever, s'habiller, se coiffer, se coucher, s'appeler, se promener...

⚠ **Devant une voyelle ou un « h » muet, *me*, *te*, *se* → *m'*, *t'*, *s'*.**
Je m'appelle Claire.

Ces verbes peuvent aussi se construire avec un nom COD. Attention à l'ordre des mots !

Je me douche. *Je douche mon chien.*

Elle se réveille. *Elle réveille Lucas.*

Les verbes à la forme négative

– Tu danses ?
– Non, je saute !

– Elle parle anglais ?
– Non, elle ne parle pas anglais.

– Tu as 12 ans ?
– Non, je n'ai pas 12 ans, j'ai 13 ans !

– Il est content ?
– Non, il n'est pas content.

– Tu te lèves ?
– Non, je ne me lève pas !

Ne parlez pas, s'il vous plaît !

⚠ **Devant une voyelle ou un « h » muet, *ne* → *n'*.**
Elle n'aime pas l'opéra.

À l'oral En langue familière, très souvent, le « ne » disparaît.
Je ne sais pas ! → *Je sais pas !*

quatre-vingt-sept **87**

Conjugaison

Les verbes au présent

♪ *Ces formes verbales se prononcent de la même manière.*

AUXILIAIRES

avoir

J'	ai
Tu	as ♪
Il / elle / on	a ♪
Nous	avons
Vous	avez
Ils / elles	ont

être

Je	suis
Tu	es ♪
Il / elle / on	est ♪
Nous	sommes
Vous	êtes
Ils / elles	sont

VERBES EN -ER

parler

Je	parle ♪
Tu	parles ♪
Il / elle / on	parle ♪
Nous	parlons
Vous	parlez
Ils / elles	parlent ♪

VERBES EN -ER

s'appeler

Je	m'appelle ♪
Tu	t'appelles ♪
Il / elle / on	s'appelle ♪
Nous	nous appelons
Vous	vous appelez
Ils / elles	s'appellent ♪

VERBES EN -IR (*finir*)

finir

Je	finis ♪
Tu	finis ♪
Il / elle / on	finit ♪
Nous	finissons
Vous	finissez
Ils / elles	finissent

VERBES EN -IR (*venir*)

venir

Je	viens ♪
Tu	viens ♪
Il / elle / on	vient ♪
Nous	venons
Vous	venez
Ils / elles	viennent

VERBES EN -RE

mettre

Je	mets ♪
Tu	mets ♪
Il / elle / on	met ♪
Nous	mettons
Vous	mettez
Ils / elles	mettent

faire

Je	fais ♪
Tu	fais ♪
Il / elle / on	fait ♪
Nous	faisons
Vous	faites
Ils / elles	font

prendre

Je	prends ♪
Tu	prends ♪
Il / elle / on	prend ♪
Nous	prenons
Vous	prenez
Ils / elles	prennent

VERBES EN -OIR

pouvoir

Je	peux ♪
Tu	peux ♪
Il / elle / on	peut ♪
Nous	pouvons
Vous	pouvez
Ils / elles	peuvent

vouloir

Je	veux ♪
Tu	veux ♪
Il / elle / on	veut ♪
Nous	voulons
Vous	voulez
Ils / elles	veulent

VERBE IRRÉGULIER

aller

Je	vais ♪
Tu	vas ♪
Il / elle / on	va ♪
Nous	allons
Vous	allez
Ils / elles	vont

Les verbes à l'impératif

SINGULIER	PLURIEL
Parle ! Chante !	Parlons ! Chantons !
	Parlez ! Chantez !
Ne parle pas ! Ne chante pas !	Ne parlons pas ! Ne chantons pas !
	Ne parlez pas ! Ne chantez pas !

Chante ! Non, ne chantez pas !

Phonétique

J'écoute, je prononce / j'écris

VOYELLES ORALES

[i] **livre**

[e] **épée**
les cahiers, sortez !, écouter

[ɛ]  **lait**
fête, mère, belle, merci

[a]  **arbre**

[ɔ] **porte**

[o]  **moto**
eau, jaune, gros

[u] **loup**

[y] **lune**

[ø]  **bleu**

[œ] **cœur**
peur

[ə] **1er premier**

VOYELLES NASALES

[ɛ̃] **pain**
insecte

[ɑ̃] **trente**
branche

[ɔ̃]  **bonbon**

[œ̃] **un**

SEMI-VOYELLES

[j] **pied**
canadien, vieux

[w] **tatouage**
oui, roi

[ɥ]  **parapluie**

CONSONNES

[p] **pomme**

[t] **tomate**

[k] **cahier**
koala, qui

[b] **ballon**

[d] **dé**

[g] **guitare**
guerre, Congo, garage

[f] **feu**
photo

[s] **tasse**
souris, ça, cinéma

[ʃ] **chat**

[v] **ver**

[z] **zèbre**
maison

[ʒ] **girafe**
page, je, jambe

[l] **lunettes**

[R] **ordinateur**
rue, terrible

[m] **miel**
kilogramme

[n]  **téléphone**
elle donne

[ɲ] **montagne**

Lecture à haute voix : je lis, je dis

L'ACCENT TONIQUE
Il est toujours à la fin du mot ou de la phrase.
lundi   petite   une petite fille   Je ne sais pas.

LES LETTRES FINALES
- **Le « e » final** ne se prononce pas, sauf dans les mots d'une seule syllabe comme *je, me, le*.
  Claire adore la musique.

  C'est le cas de la marque du féminin : *ma meilleure amie.*

- En général, **les consonnes finales** ne se prononcent pas.
  Berthe a un grand pied. Elle lit un petit livre.
  Margot et Lili dansent. Salut ! Comment ça va ?

  C'est le cas de la marque du pluriel :
  Les vélos de mes cousines sont rouges.
  Regarde ses beaux cheveux roux !

Liaisons et enchaînements
Quand un mot commence par une voyelle ou par un « h » muet, il faut unir les mots, enchaîner les sons.

cette école   une histoire

Parfois on ajoute un son : **c'est la liaison.**

un agenda   un hélicoptère
des agendas   des histoires
C'est important.   Vous habitez où ?

Actes de communication

FAIRE CONNAISSANCE

Saluer	Se présenter	Dire au revoir
Bonjour ! Salut !	Je m'appelle Mélissa.	Au revoir ! Salut !

IDENTIFIER

Identifier quelque chose	Identifier quelqu'un
Qu'est-ce que c'est ? C'est un stylo bleu.	Qui est-ce ? C'est Ricky.

DEMANDER DES INFORMATIONS

Comment tu t'appelles ?   Je m'appelle Émilie.
Quel est ton sport préféré ?   C'est la natation.
Est-ce que tu aimes le ski ?   Oui, j'adore ça !
Tu es dans **quelle** classe ?   Je suis en classe de 4e.
Qu'est-ce qu'il y a dans ton sac ?   Il y a une trousse.
Pourquoi tu fais du ski ?   Parce que j'aime la neige.

DÉCRIRE

Décrire quelqu'un	Se décrire soi-même
Il / Elle est grand(e). C'est quelqu'un de sympa.	Je suis génial(e) ! Je suis timide. Je suis petit(e).

DEMANDER ET DIRE LA DATE

Quelle est la date de ton anniversaire ?   Mon anniversaire, c'est le 24 janvier.
Quel jour sommes-nous ?   Nous sommes le 10 octobre.
On est quel jour ?   On est le 25 mai.

DEMANDER ET DONNER SON AVIS

Demander son avis	Donner son avis (faire des appréciations)
Cet endroit est magnifique, **tu ne trouves pas ?** **Comment tu trouves** la piscine ? **Comment trouves-tu** cette robe ?	Oui, il est formidable ! (Je trouve que) cette piscine est magnifique ! Cette piscine est trop petite ! Elle est jolie !

Actes de communication

DEMANDER ET DIRE SON ÂGE

Tu as quel âge ? J'ai 14 ans.
Quel âge tu as ? 13 ans.
Quel âge as-tu ?

DONNER DES CONSEILS ET DES ORDRES

L'impératif : Fais / Faites attention !
Change / Changez de position.
Assieds-toi / Asseyez-vous bien droit.

FAIRE DES ACHATS

Proposer quelque chose	Demander quelque chose
Vous désirez quelque chose ? Qu'est qu'il vous faudrait ?	**Je voudrais** des chaussures rouges.
Demander le prix	**Dire le prix**
Combien ça coûte ? **Combien** coûte cette casquette ?	Ça coûte 100 €. 100 €.

DEMANDER ET DIRE L'HEURE

Demander l'heure

Il est quelle heure ?
Quelle heure **il est** ?
Quelle heure **est-il** ?

Dire l'heure

Il est quatre heures **pile**.
Il est quatre heures **et quart**.
Il est quatre heures **et demie**.
Il est cinq heures **moins le quart**.

Parler des horaires

À quelle heure commence la fête ? **À** six heures.
La fête, c'est **à quelle heure** ? C'est **à** six heures.

PARLER DE SES HABITUDES QUOTIDIENNES

Je me réveille, je me lève, je me douche, je m'habille, je prends mon petit déjeuner, je me brosse les dents…

Lexique plurilingue

Français	Anglais	Espagnol	Portugais	Russe	Arabe
A					
à côté de	alongside	al lado de	ao lado de	рядом	بجنب
accepter	accept/agree	aceptar	aceitar	соглашаться	قبل
acheter	buy/purchase	comprar	comprar	покупать	اشترى
adolescent, n. m.	adolescent	adolescente	adolescente	подросток	مراهق
adresse, n. f.	address	dirección	morada	адрес	عنوان
âge, n. m.	age	edad	idade	возраст	عُمْر
aider	help	ayudar	ajudar	помогать	ساعَدَ
aimer	love/like	gustar	gostar	любить	أحَبَّ
aller	go	ir	ir	идти	ذَهَبَ
ami, n. m.	friend	amigo	amigo	друг	صديق
amour, n. m.	love	amor	amor	любовь	محبة
amuser (s')	have fun/enjoy (oneself)	divertir(se)	brincar	веселить(ся)	تَسَلَّى
animal, n. m.	animal	animal	animal	животное	حيوان
année, n. f.	year	año	ano	год	سنة
anniversaire, n. m.	birthday/anniversary	aniversario	aniversário	годовщина/день рожденья	عيد ميلاد
appeler	call	llamar	ligar	звать	نادى
apprendre	learn	aprender	aprender	учить	تَعَلَّمَ
après	after	después	depois	после	بَعْدَ
argent, n. m.	money n. m.	dinero n. m.	dinheiro n. m.	деньги	مال
arrêter	stop	parar	parar	остановить	أوقف
arriver	arrive/come	llegar	chegar	прийти, приехать	وَصَلَ
asseoir (s')	sit down	sentar(se)	sentar-se	садить(ся)	جَلَسَ
assez	enough/quite	bastante	bastante	достаточно	كاف
attendre	wait	esperar	aguardar	ждать	انْتَظَرَ
attention !	look out!	¡atención!	cuidado!	осторожно!	احْذَرْ!
aujourd'hui	today	hoy	hoje	сегодня	اليوم
aussi	also/too	también	igualmente	также	أيضاً
automne, n. m.	autumn	otoño	Outono	осень	خريف
autour	around	alrededor de	a volta de	вокруг	حَوْلَ
avant	before	antes	antes	до	قَبْلَ
avec	with	con	com	с	مع
avis, n. m.	opinion/advice	opinión, aviso	opinião	мнение	رأي
avoir	have	tener	ter	иметь	امْتَلَكَ
B					
beaucoup	a lot/many	mucho	muito	много	كثيراً
bienvenue, n. f.	welcome	bienvenido	bem-vindo	добро пожаловать	مرحباً
boire	drink	beber	beber	пить	شَرِبَ
bon	good	bueno	bom	хороший	جيّد
bouche, n. f.	mouth	boca	boca	рот	فَمّ
bouger	move	mover	mexer-se	двигаться	تَحَرَّكَ
bras, n. m.	arm	brazo	braço	рука	ذراع
bruit, n. m.	noise/sound	ruido	ruído	шум	ضجيج
C					
cacher	hide	esconder	esconder	прятать	أخْفى
cadeau, n. m.	gift/present	regalo	prenda	подарок	هدية
cahier, n. m.	notebook/exercise book	cuaderno	caderno	тетрадь	كرّاس
cantine, n. f.	canteen	comedor	cantina	столовая	مطعم (مدرسة)
chaise, n. f.	chair	silla	cadeira	стул	كرسي
chambre, n. f.	bedroom	habitación	quarto	комната	غرفة
changer	change	cambiar	mudar	менять	استبدل
chanson, n. f.	song	canción	canção	песня	أغنية
chat, n. m.	cat	gato	gato	кот	قطّ
chaussure, n. f.	shoe	zapato	sapato	обувь	حذاء
chercher	look for	buscar	procurar	искать	بَحَثَ
cheval, n. m.	horse	caballo	cavalo	конь	حصان
cheveu, n. m.	(a single) hair	cabello	cabelo	волос	شَعْر
chien, n. m.	dog	perro	cão	собака	كلب
choisir	choose	elegir	escolher	выбирать	اخْتارَ
ciel, n. m.	sky	cielo	céu	небо	سماء
ciseaux, n. m. pl.	scissors	tijeras	tesoura	ножницы	مقصّ
classe, n. f.	class	clase	classe	класс	قِسْم
cœur, n. m.	heart	corazón	coração	сердце	قلب
collège, n. m.	secondary school	colegio	colega	колледж, школа	مدرسة
coller	stick/attach	pegar	colar	клеить	ألْصَقَ
commencer	begin/start	comenzar	começar	начинать	بَدَأَ
comprendre	understand	comprender	compreender	понимать	فَهِمَ
concours, n. m.	competition/support	concurso	concurso	конкурс, помощь	مسابقة
confiture, n. f.	jam	mermelada	doce	варенье	مُرَبّى
connaître	know	conocer	conhecer	знать	عَرَفَ
content	happy/pleased	contento	contente	довольный	سعيد
copain, n. m.	friend	compañero	amigo	друг, приятель	صديق
corps, n. m.	body	cuerpo	corpo	тело	جسم
couleur, n. f.	colour	color	cor	цвет	لَوْن
cour, n. f.	courtyard/court	patio	curso	двор	فناء
courir	run	correr	correr	бегать	جَرى
crier	shout	gritar	gritar	кричать	صَرَخَ
croire	believe	creer	acreditar	верить	اعتقد

92 quatre-vingt-douze

Lexique plurilingue

Français	Anglais	Espagnol	Portugais	Russe	Arabe
D date, n. f.	date	fecha	data	дата	تاريخ
début, n. m.	beginning	inicio, principio	início	начало	بداية
décider	decide	decidir	decidir	решать	قَرَّرَ
décrire	describe	describir	descrever	описывать	وَصَفَ
demain	tomorrow	mañana	amanhã	завтра	غد
demander	ask/ask for	pedir	pedir	спрашивать, просить	طَلَبَ
dernier, n. m.	last	último	último	последний	أخير
dessin, n. m.	drawing	dibujo	desenho	рисунок	رسم
deviner	guess	adivinar	adivinhar	угадывать	خَمَّنَ
devoir, n. m.	duty/homework	deber	dever	задание, долг	واجب
différence, n. f.	difference	diferencia	diferença	разница	اختلاف
difficile	difficult	difícil	difícil	сложный	صَعْب
dîner, n. m.	dinner	cena, cenar	jantar	ужин	عشاء
dire	say	decir	dizer	говорить, сказать	قال
doigt, n. m.	finger	dedo	dedo	палец	أصبع
donner	give	dar	dar	давать	مَنَحَ
dormir	sleep	dormir	dormir	спать	نام
doucement	gently/quietly	suavemente	suavemente	осторожно, мягко	برفق
douleur, n. f.	pain	dolor	dor	боль	ألم
drapeau, n. m.	flag	bandera	bandeira	флаг	عَلَم
dur	hard	duro	duro	твердый, сложный	قاس
E eau, n. f.	water	agua	água	вода	ماء
échanger	change/exchange	intercambiar	trocar	менять, обменять	تَبَادَلَ
école, n. f.	school	escuela	escola	школа	مدرسة
écouter	listen	escuchar	ouvir	слушать	اسْتَمَعَ
écrire	write	escribir	escrever	писать	كَتَبَ
élève, n. m./f.	pupil/student	alumno	aluno	ученик	تلميذ/تلميذة
embrasser	kiss	besar	beijar	обнимать	قبل
emmener	take	llevar	levar	забирать	أخذ
encore	again	todavía	ainda	ещё	مرة أخرى
enfant, n. m./f.	child	niño	criança	ребёнок	طفل/طفلة
énigme, n. f.	enigma/mystery	enigma	enigma	энигма, загадка	لغز
ensemble	together	juntos	junto	вместе	معاً
ensuite	then/afterwards	a continuación	depois	потом	بعد ذلك
entendre	hear	oír	ouvir	слышать	سَمِعَ
entourer	surround	rodear	rodear	окружать	أحاط بـ
entre	between	entre	entre	между	بَيْنَ
envie, n. f.	desire/want	ganas	vontade	желание	رَغْبَة
espérer	hope	esperar	esperar	надеяться	تَرَجَّى
essayer	try	probar	tentar	пробовать	حاوَلَ
été, n. m.	summer	verano	Verão	лето	صيف
étranger	foreign/unfamiliar	extranjero	estranho	иностранный, чуждый	أجنبي
examen, n. m.	examination/exam	examen	exame	экзамен	امتحان
excuser	forgive	disculpar	desculpar	прощать	سامَحَ
exemple, n. m.	example	ejemplo	exemplo	пример	مثال
exercice, n. m.	exercise	ejercicio	exercício	упражнение	تمرين
exposition, n. f.	exhibition	exposición	exposição	выставка	معرض
F facile	easy	fácil	fácil	легкий	سهل
faim, n. f.	hunger	hambre	fome	голод	جوع
faire	do/make	hacer	fazer	делать	قام بـ
famille, n. f.	family	familia	família	семья	أُسْرَة
femme, n. f.	woman	mujer	mulher	женщина	امرأة
fenêtre, n. f.	window	ventana	janela	окно	نافذة
fermer	close/shut	cerrar	fechar	закрывать	أغلق
fête, n. f.	party/celebration/ public holiday	fiesta	festa	праздник	حفلة
fille, n. f.	girl	niña	filha	девочка	بنت
film, n. m.	film	película	filme	фильм	فيلم
finir	finish	terminar	acabar	заканчивать	أنْهى
flûte, n. f.	flute	flauta	flauta	флейта	ناي
fort	strong	fuerte	forte	сильный	قوي
frère, n. m.	brother	hermano	irmão	брат	أخ
fruit, n. m.	fruit	fruta	fruta	фрукт	فاكهة
G gagner	win/earn	ganar	ganhar	побеждать	كَسِبَ
garçon, n. m.	boy	niño	rapaz	мальчик	صبي
gens, m. et f. pl.	people	gente	gente	люди	ناس
goût, n. m.	taste/flavour	sabor	sabor	вкус	ذوق
grand	large	grande	grande	большой	كبير
groupe, n. m.	group	grupo	grupo	группа	مجموعة

quatre-vingt-treize **93**

	Français	Anglais	Espagnol	Portugais	Russe	Arabe
H	habiller (s')	get dressed/dress	vestir(se)	vestir-se	одевать(ся)	لبِسَ
	habiter	live in	vivir (habitar)	morrar	жить, обетать	سَكَنَ
	habitude, n. f.	habit	costumbre	hábito	привычка	عادةٌ
	heure, n. f.	hour/time	hora	hora	час	ساعة
	hier	yesterday	ayer	ontem	вчера	أمس
	hiver, n. m.	winter	invierno	Inverno	зима	شتاء
I	idée, n. f.	idea	idea	ideia	идея	فكرة
	important	important	importante	importante	важный	هام
	impossible	impossible	imposible	impossível	невозможный	مستحيل
	information, n. f.	information	información	informação	информация	معلومة
	inviter	invite	invitar	convidar	приглашать	دَعا
J	jamais	never	nunca	nunca	никогда	أبدا
	jambe, n. f.	leg	pierna	perna	нога	ساق
	jeune	young	joven	jovem	молодой	شاب
	jouer	play	jugar	brincar	играть	لعَبَ
	jour, n. m.	day	día	dia	день	نهار/يوم
	jus, n. m.	juice	zumo	sumo	сок	عصير
L	laver	wash	lavar	lavar	мыть	غَسَلَ
	légume, n. m.	vegetable	verdura	legume	овощ	خضار
	lever (se)	get up/stand up	levantar(se)	levantar-se	поднимать(ся)	نَهَضَ
	liberté, n. f.	freedom	libertad	liberdade	свобода	حرية
	lieu, n. m.	place	lugar	lugar	место	مكان
	lire	read	leer	ler	читать	قَرَأ
	livre, n. m.	book	libro	livro	книга	كتاب
M	main, n. f.	hand	mano	mão	рука	يد
	maintenant	now	ahora	agora	сейчас	الآن
	maison, n. f.	house	casa	casa	дом	منزل
	manger	eat	comer	comer	есть	أكلَ
	marcher	walk	andar	andar	ходить	مَشى
	matin, n. m.	morning	mañana	manhã	утро	صباح
	mauvais	bad	malo	péssimo	плохой	سيء
	merci	thank you	gracias	obrigada	спасибо	شكرا
	mère, n. f.	mother	madre	mãe	мать	أمّ
	mettre	put/place	poner, meter	pôr	класть	وَضَعَ
	midi, n. m.	midday	mediodía	meio-dia	полдень	منتصف النهار
	milieu, n. m.	middle/environment	centro, mitad, medio	meio	середина	وسط
	minuit, n. m.	midnight	medianoche	meia-noite	полночь	منتصف الليل
	minute, n. f.	minute	minuto	minuto	минута	دقيقة
	mois, n. m.	month	mes	mês	месяц	شهر
	moment, n. m.	moment	momento	momento	момент	لحظة
	monter	climb/take up/put up	subir	subir	поднимать	صَعِدَ
	montrer	show	mostrar	mostrar	показывать	أظهَرَ
	mot, n. m.	word	palabra	palavra	слово	كلمة
	musique	music	música	música	музыка	موسيقى
N	nationalité, n. f.	nationality	nacionalidad	nacionalidade	национальность	جنسية
	nécessaire	necessary	necesario	necessário	необходимый	ضروري
	nom, n. m.	name n. m.	nombre n. m.	nome n. m.	имя, название, фамилия	اسم
	nouveau	new	nuevo	novo	новый	جديد
O	offrir	give/offer	ofrecer	oferecer	дарить	مَنَحَ
	ordinateur, n. m.	computer	ordenador	computador	компьютер	حاسوب
	oreille, n. f.	ear	oreja	orelha	ухо	أذن
	organiser	organise	organizar	organizar	организовать	نَظَّمَ
	oublier	forget	olvidar	esquecer	забывать	نَسيَ
	ouvrir	open	abrir	abrir	открывать	فَتَحَ
P	page, n. f.	page	página	página	страница	صفحة
	pain, n. m.	bread	pan	pão	хлеб	خبز
	papier, n. m.	paper	papel	papel	бумага	ورق
	pardon	pardon/excuse me	perdón	perdão	извините, прощение	صَفح
	parfois	sometimes	a veces	por vezes	иногда	أحيانا
	parler	speak/talk	hablar	falar	говорить	تكلَّمَ
	partir	leave/go	salir (irse)	partir	уезжать, уходить	ذَهَبَ
	passé, n. m.	past	pasado	passado	прошлое	ماضٍ
	pays, n. m.	country	país	país	страна	بلد
	pendant	during	durante	durante	на протяжении	أثناء
	penser	think	pensar	pensar	думать	فَكَّرَ
	perdre	lose	perder	perder	терять	أضاع

quatre-vingt-quatorze

Lexique plurilingue

Français	Anglais	Espagnol	Portugais	Russe	Arabe
père, n. m.	father	padre	pai	отец	أب
personnage, n. m.	character	personaje	personagem	персонаж	شخصية
petit	small	pequeño	pequeno	маленький	صغير
petit-déjeuner, n. m.	breakfast	desayuno	pequeno-almoço	завтрак	فطور الصباح
peur, n. f.	fear	miedo	medo	страх	خوف
photo, n. f.	photo	foto	fotografia	фотография	صورة
phrase, n. f.	sentence/phrase	frase	frase	фраза, предложение	جملة
pied, n. m.	foot	pie	pé	ступня	قدم
porte, n. f.	door	puerta	porta	дверь	باب
porter	carry/wear	llevar (transportar)	usar	носить	حَمَلَ
possible	possible	posible	possível	возможный	ممكن
pourquoi	why	por qué	porquê	почему	لماذا
pouvoir	be able to	poder	poder	мочь	تَمَكَّنَ
préférer	prefer	preferir	preferir	предпочитать	فَضَّلَ
prendre	take	tomar	pegar	брать	أَخَذَ
préparer	prepare	preparar	preparar	готовить	حَضَّرَ
présenter	present/show	presentar	apresentar	представлять	قَدَّمَ
printemps, n. m.	spring	primavera	primavera	весна	ربيع
prix, n. m.	price	precio, premio	preço	цена	ثمن
problème, n. m.	problem	problema	problema	проблема	مشكلة
professeur, n. m.	teacher	profesor	professor	учитель, преподаватель	أستاذ

Q

Français	Anglais	Espagnol	Portugais	Russe	Arabe
question, n. f.	question	pregunta	pergunta	вопрос	سؤال

R

Français	Anglais	Espagnol	Portugais	Russe	Arabe
raconter	tell	contar (relatar)	contar	рассказывать	حكى
rappeler	remind/remember (command)	recordar	lembrar	напоминать	ذَكَّرَ
réalité, n. f.	reality	realidad	realidade	реальность	واقع
récréation, n. f.	playtime/break/recreation	recreo	recreação	перерыв	استراحة
regarder	look at/see	mirar	olhar	смотреть	شاهَدَ
région, n. f.	region/area	región	região	регион	منطقة
rendre	return/give back	devolver	devolver	отдавать	أَرْجَعَ
rentrer	go in/put in	volver (regresar)	entrar	входить	دَخَلَ
repas, n. m.	meal	comida	refeição	прием пищи	وَجْبَة
répéter	repeat	repetir	repetir	повторять	كَرَّرَ
répondre	answer/respond	responder	responder	отвечать	أجاب
rester	stay/remain	quedar(se)	restar	оставаться	بَقِيَ
retard, n. m.	lateness/delay	retraso	atraso	опоздание	تَأَخَّرَ
rue, n. f.	road/street	calle	rua	улица	شارع
rythme, n. m.	rhythm	ritmo	ritmo	ритм	وتيرة

S

Français	Anglais	Espagnol	Portugais	Russe	Arabe
sac	bag	bolso(-a)	saco	сумка	حقيبة
saluer	greet	saludar	cumprimentar	приветствовать	حَيَّا
savoir, n. m.	know	saber	saber	знание	معرفة
se souvenir	remember	acordarse	lembrar-se	помнить	تَذَكَّرَ
sel, n. m.	salt	sal	sal	соль	ملح
semaine, n. f.	week	semana	semana	неделя	أسبوع
sœur, n. f.	sister	hermana	irmã	сестра	أخت
soir, n. m.	evening	tarde, noche	noite	вечер	مساء
solution, n. f.	solution	solución	solução	решение	حل
sortir	go out/take out	salir	sair	выходить	خَرَجَ
sucre, n. m.	sugar	azúcar	açúcar	сахар	سُكَّر
surprise, n. f.	surprise	sorpresa	surpresa	сюрприз	مفاجأة

T

Français	Anglais	Espagnol	Portugais	Russe	Arabe
table, n. f.	table	mesa	mesa	стол	طاولة
tard	late	tarde	tarde	поздно	متأخر
téléphone, n. m.	telephone	teléfono	telefone	телефон	هاتف
temps, n. m.	time	tiempo	tempo	время	وقت
tête, n. f.	head	cabeza	cabeça	голова	رأس
tomber	fall	caer(se)	cair	падать	سَقَطَ
toujours	always	siempre	sempre	всегда	دائما
travailler	work	trabajar	trabalhar	работать	عَمِلَ
trop	too (much)	demasiado	demasiado	слишком	جِدًّا
trouver	find	encontrar	encontrar	найти	وَجَدَ

U

Français	Anglais	Espagnol	Portugais	Russe	Arabe
utiliser	use	utilizar	utilizar	использовать	استعمل

V

Français	Anglais	Espagnol	Portugais	Russe	Arabe
vacances, n. f. pl.	holidays	vacaciones	férias	каникулы, отпуск	عطلة
venir	come	venir	vir	приходить	أتى
vêtement, n. m.	clothing/clothes	prenda de ropa	roupa	одежда	ثياب
viande, n. f.	meat	carne	carne	мясо	لَحْم
vie, n. f.	life	vida	vida	жизнь	حياة
vieux	old	viejos	velho	старый	عجوز/قديم
ville, n. f.	town/city	ciudad	cidade	город	مدينة
visite, n. f.	visit	visita	visita	визит	زيارة
vivre	live	vivir	viver	жить	عاش
voir	see/watch	ver	ver	видеть	رأى
voiture, n. f.	car	coche	veículo	машина	سيارة
vouloir	want	desear	querer	хотеть	أراد
voyager	travel	viajar	viajar	путешествовать	سافَرَ
vrai	true	verdadero	verdadeiro	правда	صحيح/حقيقي

Références iconographiques
Couverture (h) : Damir Cudic/GettyImages ; **Couverture (m) :** Hans Neleman/GettyImages ; **Couverture (b) :** Onoky/Corbis ; **6 (bd) :** KidStock/Blend Images/Corbis ; **9 (bg) :** Etienne George/Corbis ; **11 :** Image Source/GettyImages ; **11 :** KidStock/Blend Images/Corbis ; **11 :** Boris Yankov - Fotolia.com ; **11 :** Gregory CEDENOT - Fotolia.com ; **11 :** Rafael Angel Irusta Machin/123RF ; **12 (1) :** Brad Pict - Fotolia.com ; **12 (5) :** rainette - Fotolia.com ; **12 (6) :** Ilya Zaytsev - Fotolia.com ; **12 (hd, hg, md, mg) :** Image Source/GettyImages ; **12 (2) :** sebastienmontier - Fotolia.com ; **12 (3) :** Jeff - Fotolia.com ; **12 (4) :** IgorNegovelov - Fotolia.com ; **14 (hd) :** Image Source/GettyImages ; **16 (md) :** Astérix chez les Pictes - www.asterix.com © 2014 LES ÉDITIONS ALBERT RENÉ **16-17 Reportage sur Damien :** Remerciements à Damien Andréo et à Dalia Andréo et au collège Saint Jean-Baptiste de La Salle, à Nîmes ; **17 (bd, hd, md) :** KidStock/Blend Images/Corbis ; **17 (mg) :** Solidarité Laïque ; **20 (bd) :** thawats - Fotolia.com ; **20 (bg) :** cphoto - Fotolia.com ; **20 (hd) :** Alex White - Fotolia.com ; **20 (hg) :** Rafael Angel Irusta Machin/123RF ; **20 (md) :** Boris Yankov - Fotolia.com ; **20 (mg) :** Gregory CEDENOT - Fotolia.com ; **21 (bm) :** Jose Luis Pelaez Inc/GettyImages ; **21 (hg) :** Bloom Productions/ ; **21 (mg) :** KidStock/Blend Images/Corbis ; **22 :** Bloom Productions/ ; **23 (hd) :** PhotoAlto/Laurence Mouton/GettyImages ; **23 (hm) :** Juanmonino - Istockphoto ; **24 :** Andres Rodriguez - Fotolia.com ; **25 (bg) :** Jagodka - Fotolia.com ; **25 (bg) :** Eric Isselée - Fotolia.com ; **25 (bm) :** Jagodka - Fotolia.com ; **25 (hd) :** Gualtiero Boffi - Fotolia.com ; **25 (hg) :** Grigoriy Lukyanov - Fotolia.com ; **27 (bd) :** WEST/Westend61/Corbis ; **27 (bg) :** , bm Thinkstock by ; **27 (hd) :** KidStock/Blend Images/Corbis ; **27 (hg) :** Philophoto - Fotolia.com ; **27 (hm) :** Marc Chesneau - Fotolia.com ; **27 (md) :** KidStock/Blend Images/Corbis ; **27 (mm) :** bikeworldtravel - Fotolia.com ; **28 (1) :** Sylwia Nowik - Fotolia.com ; **28 (1) :** Vibe Images - Fotolia.com ; **28 (2) :** Eric Isselée - Fotolia.com ; **28 (2) :** Coka - Fotolia.com ; **28 (3) :** jagodka - Fotolia.com ; **28 (3) :** Henri Ensio - Shutterstock ; **28 (4) :** jstaley4011 - Fotolia.com ; **28 (4) :** Wieselpixx - Fotolia.com ; **28 (5) :** Eric Isselée - Fotolia.com ; **28 (5) :** Fotolia.com ; **28 (6) :** Eric Isselée - Fotolia.com ; **28 (6) :** dimis - Fotolia.com ; **30 (bd) :** artesenc - Fotolia.com ; **30 (hd) :** eska2012 - Fotolia.com ; **30 (mg) :** Sergey Borisov - Fotolia.com ; **31 (a) :** Walstrom, Susanne/GettyImages ; **31 (b) :** Paul Paul/GettyImages ; **31 (bm) :** David Wolff - Patrick / Contributeur/GettyImages ; **31 (c) :** Fuse/GettyImages ; **31 (d) :** Picture Partners - www.agefotostock.com ; **32 :** Helder Almeida - Fotolia.com ; **33 (bg) :** Alan Graf/GettyImages ; **33 (hg) :** skynesher/ ; **33 (mg) :** Patrick Escuderao/hemis.fr ; **36 (hd) :** skynesher ; **36 (hg) :** WavebreakmediaMicro - Fotolia.com ; **37 :** G. Baden/Corbis ; **38 (1) :** scaliger - Fotolia.com ; **38 (2) :** Thomas Pajot - Fotolia.com ; **38 (3) :** Yvann K - Fotolia.com ; **38 (4) :** Jakez - Fotolia.com ; **38 (5) :** Le monde en photos - Fotolia.com ; **39 (bm) :** Red Chopsticks/GettyImages ; **39 (bmg) :** WEST/Westend61/Corbis ; **39 (hg) :** Pigipi - Fotolia.com ; **39 (hmg) :** WEST/Westend61/Corbis ; **39 (md) :** Alan Graf/GettyImages ; **39 (mg) :** KidStock/Blend Images/Corbis ; **42 :** ADEME ; **43 (bg) :** violad - Fotolia.com ; **43 (hg) :** DMITRI MARUTA - Fotolia.com ; **43 (mm) :** A. Inden/Corbis ; **46 :** DMITRI MARUTA - Fotolia.com ; **47 (hd) :** Photodisc/GettyImages ; **47 (hg) :** Jeanette Dietl - Fotolia.com ; **49 (bd) :** Red Chopsticks/GettyImages ; **49 (hd) :** KidStock/Blend Images/Corbis ; **49 (md) :** A. Inden/Corbis ; **49 (mg) :** Gino Santa Maria - Fotolia.com ; **49 (mm) :** Yuri Arcurs - Fotolia.com ; **52 (bd) :** richard villalon - Fotolia.com ; **52 (hd) :** violad - Fotolia.com ; **53 (1) :** Jean Yves Yan Lun - Fotolia.com ; **53 (2) :** wellignton - Fotolia.com ; **53 (3) :** Sylvain Cordier - Fotolia.com ; **53 (4) :** Clarence Holmes - Fotolia.com ; **53 (5) :** andreusK - Fotolia.com ; **53 (6) :** Nicola_G - Fotolia.com ; **54 (bm) :** KidStock/Blend Images/Corbis ; **54 (bm) :** Jacques Photononstop ; **54 (hd) :** Digital vison/GettyImages ; **54 (hg) :** CORDON PRESS/Corbis/Citizen Stock/David Katzenstein ; **54 (hm) :** Jacques Loic/Photononstop ; **54 (mg) :** Image Source G/Photononstop ; **55 :** CORDON PRESS/Corbis/Citizen Stock/David Katzenstein ; **55 (mg) :** Sigrid Olsson - www.agefotostock.com ; **55 (mg) :** JC DRAPIER - Fotolia.com ; **56 :** CORDON PRESS/Corbis/Citizen Stock/David Katzenstein ; **60 (bd) :** M.studio - Fotolia.com ; **60 (hd) :** Sigrid Olsson - www.agefotostock.com ; **60 (hd) :** JC DRAPIER - Fotolia.com ; **60 (hg) :** JTB Photo\UIG - www.agefotostock.com ; **60 (hg) :** Sigrid Olsson - www.agefotostock.com ; **60 (md) :** COLIN Matthieu/hemis.fr ; **60 (mg) :** Daniel Thierry/Photononstop ; **60 (mg) :** Patrizia Tilly ; **61 (bg) :** Mauritius/Photononstop ; **61 (hg) :** KidStock/Blend Images/Corbis ; **61 (hm) :** Kevin Galvin/imageBROKER - www.agefotostock.com ; **61 (hm) :** Sigrid Olsson - www.agefotostock.com ; **61 (mg) :** Arterra Picture Library / Alamy/hemis.fr ; **64 (bg) :** digi_dresden - Fotolia.com ; **64 (hg) :** Cinicus/Thinkstock by ; **64 (md) :** Edler von Rabenstein - Fotolia.com ; **64 (mg) :** RobTek - Fotolia.com ; **65 :** Marek Kosmal - Fotolia.com ; **65 :** Sapsiwai - Fotolia.com ; **65 :** Joe Gough - Fotolia.com ; **65 :** Julián Rovagnati - Fotolia.com ; **65 :** Yuri Arcurs Potography - Fotolia.com ; **65 :** Jarp - Fotolia.com ; **65 :** Serghei Platonov - Fotolia.com ; **65 :** Franco DI MEO - Fotolia.com ; **65 :** giuseppe porzani - Fotolia.com ; **65 :** seen - Fotolia.com ; **65 :** dinostock - Fotolia.com ; **65 :** Rafa Irusta - Fotolia.com ; **65 :** aldegonde le compte - Fotolia.com ; **65 :** Paul Bodea - Fotolia.com ; **65 :** seite3 - Fotolia.com ; **65 :** Maksim Shebeko - Fotolia.com ; **65 :** alain wacquier - Fotolia.com ; **65 :** asierromero - Fotolia.com ; **65 :** windu - Fotolia.com ; **65 :** Mara Zemgaliete - Fotolia.com ; **65 :** Africa Studio - Fotolia.com ; **65 :** Rob Stark - Fotolia.com ; **65 :** Ikonoklast_hh - Fotolia.com ; **65 :** rdnzl - Fotolia.com ; **65 :** Gilles Paire - Fotolia.com ; **65 :** Norberto Lauria - Fotolia.com ; **65 (hg) :** Alexandre Zveiger - Fotolia.com ; **65 (mg) :** Roy Morsch/Corbis ; **65 (bg) :** The Blowfish Inc - Fotolia.com ; **66 (bd, hd, hg) :** Todd Warnock/Corbis ; **67 (4) :** Jake Hellbach - Fotolia.com ; **67 (6) :** William Wang - Fotolia.com ; **67 (2) :** Sabphoto - Shutterstock ; **67 (3) :** Laurin Rinder - Fotolia.com ; **67 (5) :** Darja Vorontsova - Shutterstock ; **68 (bm) :** Alexandre Zveiger - Fotolia.com ; **70 (bd) :** Don Smetzer/The Image Bank/GettyImages ; **70 (bg) :** cynoclub - Fotolia ; **70 (hd) :** Roy Morsch/Corbis ; **70 (hg) :** P Royer - www.agefotostock.com ; **71 (bd) :** KidStock/Blend Images/Corbis ; **71 (hd) :** KidStock/Blend Images/Corbis ; **74 (hd) :** The Blowfish Inc - Fotolia.com ; **75 (1) :** Thinkstock by ; **75 (1) :** kaarsten/Thinkstock by ; **75 (2) :** SergiyN/Thinkstock by ; **75 (2) :** SergiyN/Thinkstock by ; **75 (3) :** michaeljung/Thinkstock by ; **75 (3) :** Wavebreakmedia Ldt/Thinkstock by ; **75 (b) :** PhotoTalk/GettyImages ; **75 (b) :** fiphoto/Thinkstock by ; **75 (c) :** Fuse/Thinkstock by ; **75 (d) :** alkir/Thinkstock by ; **75 (a) :** Norberto Lauria - Fotolia.com ; **75 (4) :** Edyta Pawlowska - Fotolia.com ; **75 (4) :** Ambrophoto - Fotolia.com ; **75 (a) :** Leonid Nyshko - Fotolia.com ; **75 (a) :** Nitr - Fotolia.com ; **75 (c) :** Brad Pict - Fotolia.com ; **75 (d) :** Alx - Fotolia.com ; **76 (bg) :** Esther Ruzé - Fotolia.com ; **76 (hg) :** William Berry - Fotolia.com ; **78 (b, h) :** Image Source/ ; **79 :** Bloom Productions/ ; **80 :** WavebreakmediaMicro - Fotolia.com ; **83 (bd) :** Alexandre Zveiger - Fotolia.com ; **83 (hd) :** Todd Warnock/Corbis

Édition : Noé Pérez Núñez
Conception graphique de la couverture : Joëlle Parreau ;
Adaptation de la maquette intérieure : Joëlle Parreau ;
Mise en page : SG Création ;
Illustrations : Jaume Bosch, Kenny Ruiz, Ángel Sánchez Trigo, Oriol Vidal, Zoográfico ;
Iconographe : Aurélia Galicher ;
Photogravure : RVB photogravure.

« Le photocopillage, c'est l'usage abusif et collectif de la photocopie sans autorisation des auteurs et des éditeurs. Largement répandu dans les établissements d'enseignement, le photocopillage menace l'avenir du livre, car il met en danger son équilibre économique. Il prive les auteurs d'une juste rémunération. En dehors de l'usage privé du copiste, toute reproduction totale ou partielle de cet ouvrage est interdite. La loi du 11 mars 1957 n'autorisant, au terme des alinéas 2 et 3 de l'article 41, d'une part, que les copies ou reproductions strictement réservées à l'usage privé du copiste et non destinées à une utilisation collective et, d'autre part, que les analyses et les courtes citations dans un but d'exemple et d'illustration, toute représentation ou reproduction intégrale, ou partielle, faite sans le consentement de l'auteur ou de ses ayants droit ou ayants cause, est illicite (alinéa 1er de l'article 40) – Cette représentation ou reproduction, par quelque procédé que ce soit, constituerait donc une contrefaçon sanctionnée par les articles 425 et suivants du Code pénal. »

© 2015 by Michèle Butzbach, Carmen Martín Nolla, Dolorès-Danièle Pastor, Inmaculada Saracíbar Zaldívar
© 2015 by Santillana Educación, S.L.
© Didier FLE, une marque des éditions Hatier, Paris 2023 – ISBN : 978-2-278-11196-1
Imprimé en Italie en septembre 2024 par Bona (Turin) – Dépôt légal : 11196/02